Un poney pour Katy

VICTORIA EVELEIGH

Un poney pour Katy

TOME 1 le poulain sauvage

Illustrations de Chris Eveleigh

Traduit de l'anglais (Royaume-Uni) par Catherine Guillet

hachette

L'édition originale de cet ouvrage a paru
chez Orion Children's Books,
a division of the Orion Publishing Group Ltd,
an Hachette Livre UK Company, sous le titre :

KATY'S WILD FOAL

Traduit de l'anglais (Royaume-Uni) par Catherine Guillet.

Couverture : designed by jetdesingltd.com
Illustration de couverture : © Angelo Rinaldi

Hachette Livre, 43, quai de Grenelle 75015 Paris.

Pour Sarah et George,
avec tout mon amour

Exmoor

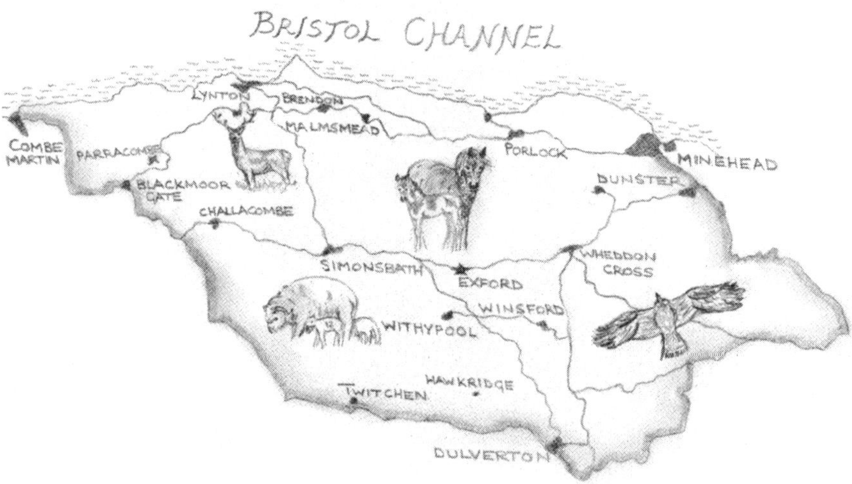
BRISTOL CHANNEL
LYNTON
BRENDON
MALMSMEAD
COMBE MARTIN
PARRACOMBE
BLACKMOOR GATE
CHALLACOMBE
PORLOCK
MINEHEAD
DUNSTER
SIMONSBATH
EXFORD
WHEDDON CROSS
WINSFORD
WITHYPOOL
HAWKRIDGE
TWITCHEN
DULVERTON

Chapitre 1
Naissance sur la lande

Assise, seule, à la table de la cuisine, Katy fixait d'un regard vide les cadeaux d'anniversaire étalés devant elle. Sur l'écran de la télévision, un présentateur guilleret annonçait l'arrivée de la neige en altitude. Katy savait que c'était la pire nouvelle que sa famille puisse recevoir à ce moment de l'année, mais une partie d'elle-même aurait aimé pouvoir s'en réjouir.

« Mon anniversaire aura toujours lieu en pleine période d'agnelage, pensa-t-elle tristement. Pourquoi ne suis-je pas née en été ? Même le jour de Noël aurait été mieux qu'un premier avril. »

La période d'agnelage était toujours particulièrement mouvementée à Barton, aussi la famille de Katy n'avait-elle pas le temps d'organiser de fête ou de sortie pour elle. Cette fois, néanmoins, elle devait admettre que ses parents avaient fait de leur mieux. Ils lui avaient même permis d'inviter quelqu'un pour la journée, sauf qu'elle n'avait pas su à qui demander. Elle n'avait pas vraiment d'amie proche.

Ses grands-parents étaient passés dans l'après-midi, ce qui avait ajouté à la bonne humeur ambiante. En plus du gâteau préparé par sa mère, ils avaient tous dégusté autour d'un thé le *trifle*[1] que Katy et sa grand-mère avaient fini par confectionner ensemble. Tout le monde avait cessé le travail et, l'espace d'un court moment, Katy avait eu l'impression de réellement célébrer son anniversaire.

C'était maintenant la fin de l'après-midi. Ses grands-parents étaient repartis ; quant à sa mère, son père, et Tom, son frère aîné, ils s'empressaient de terminer à

1. Dessert anglais à base de crème pâtissière, de fruits et de génoise. *(Toutes les notes sont de la traductrice.)*

l'extérieur les tâches qu'ils devaient effectuer avant la tombée de la nuit. Katy, en rentrant, trouva la maison froide et vide.

Elle sortit de sa boîte l'iPod que ses parents lui avaient offert. Elle demanderait à Tom de l'initialiser pour elle à son retour, car elle ne comprenait pas les instructions sur le mode d'emploi. Elle avait rêvé d'un téléphone portable ; tout le monde à l'école en avait un, sauf elle. Mais ses parents considéraient qu'un tel achat aurait été du gaspillage puisque la ferme de Barton était éloignée du réseau. Katy remit l'iPod dans sa boîte, jeta un coup d'œil à un kit pour fabrication de bijoux reçu de sa tante Rachel, puis elle ouvrit un livre qui paraissait très vieux. Elle en tourna une à une les épaisses pages jaunies. Celles-ci comportaient de jolies illustrations, mais le texte était ardu. Katy le trouvait difficile à lire.

— Prends soin de cet ouvrage, lui avait recommandé son grand-père en le lui offrant. J'espère que tu l'apprécieras autant que moi à ton âge.

— Ça parle de quoi, grand-père ? lui avait demandé Katy en feuilletant le livre.

— C'est l'histoire d'un poney exmoor qui s'appelle *Mousie*. Ses aventures sont similaires à celles de *Black*

Beauty, mais en beaucoup mieux à mon avis. Ce roman est à l'origine de mon intérêt pour les Exmoors.

— Est-ce qu'il y en a toujours eu à Barton ?

— Je ne sais pas s'il y en a *toujours* eu, avait répondu le grand-père de Katy avec un sourire. Mais ils étaient là quand je suis né, et certainement bien avant. Ton arrière-grand-père a créé, avec d'autres, la fondation qui tente de préserver leur race. Il les adorait tant qu'il a tout fait pour qu'ils restent aussi près de leurs origines que possible. Il ne voulait même pas qu'ils soient montés. Il répétait continuellement : « Leur place est sur la lande, à vivre comme la nature les a créés. » Aujourd'hui, on dit qu'ils sont « élevés en liberté ». Autrement dit, ils vivent comme des poneys sauvages, mais en réalité, ils appartiennent à un éleveur et ne sont donc pas totalement libres, pas comme les cerfs ou les renards ou autres animaux de ce genre.

Le troupeau constitué par les poneys exmoor de Barton était l'un des plus anciens et des plus réputés du pays. Quant au grand-père de Katy, c'était aussi un membre hautement respecté de la Société des éleveurs de poneys exmoor. Sa tristesse avait été immense lorsqu'il avait découvert que son fils, le père de Katy, se désintéressait de ces poneys que lui-même adorait. En conséquence, il lui avait légué la ferme, mais avait conservé la propriété du troupeau.

Jusqu'à l'année précédente, il avait vécu à Barton avec la grand-mère de Katy, mais lorsque celle-ci n'avait plus été capable de monter les escaliers, ils avaient déménagé dans un pavillon de plain-pied. Depuis lors, ils ne venaient plus à Barton que deux ou trois fois par semaine, et ils manquaient terriblement à Katy.

La ferme de Barton était un lieu isolé, entouré de hautes landes et situé à plusieurs kilomètres de la ville la plus proche. Katy s'y sentait souvent seule et coupée des adolescents de son âge. La plupart des élèves de son école habitaient en ville, et les filles se montraient surtout passionnées de mode et de musique, deux domaines qui ne l'attiraient pas réellement, même si elle avait appris à prétendre l'inverse. Tom, de neuf ans son aîné, ne parlait que de la ferme. Il semblait avoir déjà tracé son chemin de vie : suivre des études supérieures en agriculture, puis aider leur père à exploiter la propriété. Un jour, celle-ci lui appartiendrait.

Katy posa le livre pour prendre le kit de fabrication de bijoux. Alors qu'elle essayait d'ouvrir la boîte, celle-ci lui glissa des mains.

— Oh, non ! s'écria-t-elle, incrédule, le regard rivé sur les centaines de perles et d'accessoires qui s'en échappaient avant d'aller rebondir et rouler sur le sol en un feu d'artifice multicolore.

« Qu'est-ce que je vais faire ? Si j'utilise l'aspirateur, je perdrai tout, réfléchit Katy. Je ferais mieux de trouver une pelle et une balayette. »

Mais les perles fuyaient comme des grains de sable. Katy manqua tomber à plusieurs reprises en tentant de les rassembler. On aurait dit qu'elles étaient dotées d'une volonté bien à elles : dès que la balayette les effleurait, elles fusaient de tous côtés. Katy finit malgré tout par regrouper la majorité d'entre elles et les replaça dans leur boîte, pêle-mêle avec les accessoires, des flocons de poussière et des poils de chien.

« Je n'ai pas envie de tout trier maintenant, songea Katy. Je préfère aller voir si je peux aider à la bergerie.

Les agneaux orphelins vont bientôt avoir besoin de nourriture. Je vais leur faire un câlin d'anniversaire et leur donner un peu de gâteau. Ils seront peut-être contents d'en manger. »

Elle en coupa une part, l'enveloppa dans du papier d'aluminium et l'enfonça dans la poche de la vieille veste militaire de Tom, qu'il avait posée sur un dossier de chaise. Outre qu'elle était beaucoup trop grande pour elle, celle-ci empestait le mouton, mais Katy l'enfila néanmoins, pour s'éviter la peine d'aller chercher son propre manteau. De surcroît, porter les vêtements de Tom lui donnait le sentiment d'être un véritable fermier. Dans le couloir, elle ôta ses confortables bottes en peau retournée – cadeau d'anniversaire de sa grand-mère –, et glissa ses pieds nus dans la paire en caoutchouc humide et froide qui se trouvait là.

« Ce serait mieux avec des chaussettes », se dit-elle avec une grimace. Mais il était trop tard maintenant, et puis, elle ne resterait pas dehors trop longtemps.

Elle sortit sous une averse de neige fondue. La porte claqua derrière elle avant qu'elle n'ait le temps de se retourner pour la fermer, tandis que des gouttes gelées venaient s'écraser sur ses joues chaudes. Elle ne s'habituerait jamais au choc que constituait le passage d'une chaleur sèche à une pluie glaciale. Le visage crispé face aux éléments, elle emprunta le chemin boueux conduisant à la bergerie, qui formait comme un phare de lumière dans la pénombre.

Elle n'y trouva aucun membre de sa famille. En revanche, une brebis couchée geignait dans un coin, secouée de convulsions. Ne sachant que faire, et avec l'espoir que quelqu'un arriverait, Katy décida de garder l'œil sur elle quelques minutes.

Alors qu'elle se tenait là, elle remarqua dans un autre coin un nouveau-né qui semblait chercher sa mère. Une brebis lui décochait une ruade dès qu'il s'approchait d'elle, et deux autres le regardaient, incapables de déterminer s'il leur appartenait ou non. Le pauvre agnelet, trempé, avait l'air désemparé. Peut-être sa mère était-elle celle qui essayait de mettre bas. Par-dessus le mugissement du vent, Katy crut alors entendre le tracteur dans le terrain communal. Elle se rua hors du sanctuaire de la bergerie pour aller chercher de l'aide.

Le vent qui balayait les champs avait encore pris de la force. Il lui coupa le souffle et fit claquer la veste de Tom contre elle. Sous ses pieds, le sol était inégal et glissant. Pour ajouter à son inconfort, Katy sentit bientôt la pluie s'infiltrer dans ses bottes en caoutchouc jusqu'à former une flaque d'eau gelée autour de ses pieds nus. Cette combinaison de peau, d'eau et de caoutchouc provoquait à chacun de ses pas un grossier bruit de succion qui, en temps normal, aurait provoqué chez elle de grands éclats de rire. Pas ce jour-là.

Une fois devant le portail du terrain communal, elle dut se rendre à l'évidence que, bien qu'elle ait toujours l'impression d'entendre le ronflement d'un moteur, il n'y avait là aucun tracteur. Sans doute le vent lui jouait-il des tours.

Le terrain communal était une vaste étendue de lande que les fermes de la région avaient le droit d'utiliser comme pâturage pour leurs ovins, bovins et poneys. C'était là que vivait toute l'année le troupeau du grand-père de Katy.

Le front calé entre deux barres transversales de la clôture, l'adolescente scruta le paysage. Une nappe d'eau recouvrait la surface saturée de la lande, formant de minuscules rivières là où marchaient les moutons, de petites mares le long de la barrière, et un large fleuve face au portail. Au loin se dessinait la cachette de Katy, silhouette gris sombre contre les bandes plus claires de la lande inondée de pluie et du ciel chargé de nuages.

Ce fourré d'ajoncs dont Katy avait fait sa tanière avait été brouté par les moutons de telle façon qu'il était creux en son centre. Katy y avait passé de nombreuses et heureuses heures à jouer.

Elle s'apprêtait à repartir vers la maison lorsqu'un mouvement attira son attention. Les yeux plissés pour mieux y voir, elle distingua alors la croupe d'un poney dont l'encolure et la tête disparaissaient dans le fourré. Son grand-père lui avait expliqué une fois que les individus malades ou les juments sur le point de pouliner s'isolaient parfois du troupeau. Non sans difficulté, Katy ouvrit le portail, se glissa dans le pré et referma derrière elle. Malgré le bruit de ses pas, le poney ne s'enfuit pas. Il était peut-être pris dans les ajoncs, ou blessé. Mais alors qu'elle n'était plus qu'à quelques pas, l'animal bondit soudain en arrière en poussant de petits hennissements agités.

— Oh ! s'écria Katy.

Une fine tête avait émergé entre les branches. Un poulain ! Son corps frêle, monté sur quatre longues jambes tremblantes et serré dans une peau sombre, luisante de pluie, lui donnait une allure incroyablement fragile. Il s'avança d'un pas chancelant vers Katy qui, subjuguée, tendit la main. Alors que ses doigts gelés effleuraient le minuscule chanfrein, la jument, qui s'était brusquement écartée de son chemin, hennit d'inquiétude. Le poulain, se rendant compte de son erreur, s'enfuit vers elle. En un instant, le charme fut rompu, et les deux poneys disparurent derrière la crête de la colline.

Katy se rendit compte alors qu'elle tremblait de froid et que ses mains, ses pieds et son visage lui faisaient mal. Si elle souffrait ainsi, qu'en était-il du poulain ? Il ne pourrait jamais survivre dehors par un temps pareil. Elle allait devoir demander à son père de le prendre à la ferme pour qu'elle puisse s'en occuper.

Forte de la mission qu'elle venait de se donner, Katy courut presque tout le long du chemin jusqu'à la maison. Les agneaux nouveau-nés lui étaient entièrement sortis de l'esprit, tout autant que la brebis tentant de mettre bas dans la bergerie.

Katy entra comme une fusée dans la cuisine, où elle trouva son père étalé sur le dos. Il avait glissé sur des perles qu'elle avait omis de ramasser. Sa mère était en train de brancher l'aspirateur.

— Katy, où étais-tu passée ? On t'a cherchée partout ! J'ai même appelé tes grands-parents pour vérifier si tu les avais raccompagnés chez eux. Je les ai inquiétés pour rien. Oh, mon Dieu, mais tu es trempée jusqu'aux os ! s'affola sa mère.

— La prochaine fois que tu essaieras de me tuer, choisis une méthode un peu moins douloureuse, s'il te plaît, ajouta son père en se remettant debout d'un mouvement mal assuré.

— Je suis désolée, balbutia Katy. Je vous cherchais, moi aussi. Je suis allée jusqu'au terrain communal et j'y ai trouvé...

— Tu pensais qu'on serait là-bas à cette heure du soir ? l'interrompit son père. Drôle d'idée. On donnait à manger aux vaches à Broadacre.

— Et puis, pourquoi as-tu laissé traîner ces perles partout ? renchérit sa mère. On a assez de choses à faire comme ça sans ce genre de désordre. Sans compter que ton père aurait pu se blesser grièvement.

— Aurait pu ! s'exclama le père de Katy. Je me demande si je ne vais pas rester estropié pour le restant de ma vie !

À cet instant, Tom revint du pré, où il avait jeté un coup d'œil au troupeau de moutons.

— On a un agneau mort, qu'un renard a presque dévoré, et un boiteux, à qui j'ai fait une injection et que j'ai marqué. Sinon, j'ai rentré à la bergerie les jumeaux au sujet desquels on s'inquiétait, parce qu'ils ne boivent pas assez de lait.

Il se tourna alors vers Katy.

— Comme ça, c'est toi qui avais ma veste ! lança-t-il. Combien de fois faudra-t-il que je te répète de ne pas utiliser mes affaires sans me le demander ?

La conversation ne prenant pas le tour qu'elle avait souhaité, Katy tenta de changer de sujet avant d'être submergée de réprimandes.

— Je suis désolée, vraiment. Ce qui s'est passé, c'est que j'ai découvert un tout petit poulain sur le terrain communal. Il a dû naître aujourd'hui et il va mourir si on le laisse dehors !

— Désolé, Katy, mais il est hors de question que j'aille là-bas pour secourir un poulain, lui répondit son père. Premièrement, le petit serait incapable de marcher jusqu'ici. Deuxièmement, sa mère n'a jamais été séparée du troupeau ni mise en écurie. Se trouver dans un espace clos provoquerait probablement chez elle un tel désarroi qu'elle risquerait de piétiner son bébé, ou de le blesser d'une manière ou d'une autre sans le faire exprès. Ils sont bien mieux où ils sont. Et puis, de toute façon, en cette période d'agnelage, on a besoin de tout l'espace disponible dans la bergerie.

— Mais papa, il va mourir s'il reste là-bas, je le sais ! sanglota Katy.

— Malheureusement, c'est un danger qu'il va devoir courir, ma chérie, lui répondit son père d'un ton las.

Sa mère soupira. Ce n'était pas le moment pour une telle conversation. Elle s'efforça néanmoins de rassurer sa fille.

— Les Exmoors sont résistants, même par mauvais temps, déclara-t-elle. N'oublie pas que leurs ancêtres vivaient à l'ère glaciaire.

— Je ne te demande pas un cours d'histoire, je veux sauver mon poulain ! s'emporta Katy.

— Tiens, tiens, c'est ton poulain maintenant ? la taquina son frère.

— Tais-toi, Tom, tes commentaires ne sont pas très utiles, siffla leur père.

— Oui, c'est vrai, tais-toi, Tom ! hurla Katy avant de fondre en larmes.

Non seulement la douleur était devenue insupportable à mesure que ses pieds et ses mains se réchauffaient, mais elle était terriblement déçue. Pourquoi refusaient-ils de comprendre à quel point elle était sérieuse ? Elle monta dans sa chambre en courant et claqua la porte derrière elle.

— Joyeux anniversaire, murmura sa mère.

— Bon…, souffla son père en remettant son manteau et ses bottes. Je crois que je ferais bien d'aller voir ce qui se passe.

Après avoir pris une brassée de foin qu'il attacha sur le quad, il partit à la recherche de la jument et de son poulain. Il les trouva au bout d'une heure, à l'abri d'une haie vive. Le petit tétait sa mère, mais il était vrai qu'il avait l'air faible.

La jument paraissait fragile aussi. Mauvais temps et carence en lait constituaient souvent une combinaison mortelle pour des poulains prématurés. Soucieux de ne pas effrayer la jument, le père de Katy déposa le foin à quelque distance d'elle. C'était le mieux qu'il puisse faire à cette heure de la soirée, d'autant qu'il devait retourner à la bergerie. Il reviendrait voir comment ces deux-là allaient le lendemain.

— Désolé, mon p'tit gars, dit-il au poulain. Il va falloir que tu t'accroches.

Il trouva la bergerie sens dessus dessous. Cinq brebis avaient mis bas : l'une, d'un seul agneau, fort et en bonne santé ; trois autres, chacune d'une paire de jumeaux, à moins qu'il n'y ait dans le lot des triplés ou des quadruplés ; la dernière, enfin, avait déjà deux petits et tentait de donner naissance à un troisième qui se présentait par le siège. Quant à l'agnelet que Katy avait vu deux heures plus tôt, il allait et venait, toujours aussi affamé, perdu et tremblant de froid. Plusieurs autres brebis, pas encore tout à fait prêtes à mettre bas, ajoutaient à la confusion ambiante en tentant de s'approprier des nouveau-nés qui ne leur appartenaient pas. Il n'y avait plus que deux box individuels disponibles et, dans la grande stalle d'angle, éclairée par la lumière rouge d'une lampe chauffante, les orphelins bêlaient bruyamment.

Le père de Katy poussa un profond soupir. Il souffrait du dos depuis qu'il avait glissé sur les perles, et il se sentait fourbu.

— Maudits soient ces poneys exmoor, marmonna-t-il en se mettant au travail.

La nuit allait être longue.

Chapitre 2
Des Pâques blanches

« Mais qu'est-ce qu'il m'a pris de vouloir qu'il neige ? » songea Katy, le nez collé à la fenêtre de sa chambre pour observer le paysage transformé.

Elle souffrait d'une otite depuis trois jours – depuis son anniversaire – et chaque nouvelle chute de neige faisait monter d'un cran son inquiétude au sujet du poulain. Son père avait effectué un crochet pour vérifier l'état de ce dernier à chacune de ses rondes quotidiennes auprès des brebis et de leurs agneaux. Il avait dit à Katy que son petit protégé se portait bien, mais elle voyait qu'il était soucieux.

Les grands-parents de Katy étaient venus lui tenir compagnie à la ferme. Son grand-père lui avait lu *Moorland Mousie* en entier, et Katy ne réussissait pas à chasser cette histoire de son esprit. Affaiblie par des poussées de fièvre, elle avait fait de drôles de rêves, tous à propos de chevaux. Dans l'un d'eux, elle s'était même vue transformée en un poney qui bavardait avec les autres membres de son troupeau.

Le jour suivant, elle avait demandé à son grand-père si les chevaux se parlaient.

— Il est difficile de répondre à cette question, avait-il avoué. Ils communiquent, mais pas comme nous. Ils n'utilisent leur voix que quand ils sont surexcités ou trop éloignés pour avoir recours au langage corporel. Cela paraît logique, quand on y pense. Le poney est une proie. Donc, moins il fait de bruit, moins ses prédateurs ont des chances de le trouver.

— C'est quoi, le langage corporel ? s'était enquise Katy.

— Une façon de communiquer que nous utilisons tout le temps, lui avait répondu son grand-père. Quand nous sourions, que nous prenons un air renfrogné, que nous sautons de joie ou que nous traînons les pieds en faisant la moue, par exemple. Dans le cas des chevaux, ce langage est extrêmement subtil, précisément parce qu'il constitue leur principal outil de communication. La prochaine fois que tu t'approcheras du troupeau, observe-le un moment. Tu verras, il est rare qu'ils se mordent ou qu'ils ruent. En revanche, leur corps exprime toujours quelque chose. Si tu apprends à les imiter, tu seras à mi-chemin de parler leur langage.

— Tu te moques de moi, grand-père ! Comment veux-tu que je couche mes oreilles en arrière ou que je remue la queue ?

— C'est vrai, avait-il admis en riant, il y a des limites à ce que tu peux faire ! Tu dois aussi savoir que les chevaux considèrent l'homme comme un prédateur. C'est pour cette raison qu'ils en ont souvent peur. Mais tu seras surprise de constater à quel point tu peux les rassurer si tu utilises ton corps comme il le faut.

— C'est-à-dire ?

— Eh bien, si tu te mets devant un poney et que tu le regardes droit dans les yeux en faisant des mouvements brusques, il sera effrayé. Pour lui prouver tes bonnes intentions, évite son regard et déplace-toi autour de lui d'un pas détendu. S'il est ombrageux, tu le rassureras en te dirigeant droit vers lui, avant de t'arrêter, de reculer de quelques pas, puis d'avancer de nouveau, un peu plus chaque fois. Parce que, vois-tu, un prédateur ne s'éloignerait jamais de sa proie.

Katy avait écouté son grand-père avec attention.

— Le problème, avait-il poursuivi, c'est que le langage corporel de l'homme est souvent différent, et que nous envoyons de faux messages. Ainsi, lorsqu'une petite fille court vers son poney les bras grands ouverts, c'est parce qu'elle veut lui faire un câlin. Le pauvre poney, lui, pense qu'elle lui dit : « Je vais t'attraper et te tuer ! » Donc, il s'enfuit, ou pire, il rue et tout le monde en déduit qu'il est mal dressé. Ce genre de malentendu est très fréquent. Pour les éviter, il faut s'efforcer de voir le monde du point de vue des poneys.

Katy avait décidé sur-le-champ qu'elle apprendrait le langage des chevaux.

***

La veille de Pâques, elle se sentit enfin assez bien pour se lever. Elle avait la ferme intention de sortir voir le poulain, quelle que soit la réaction de ses parents. Aussi enfila-t-elle plusieurs couches de vêtements chauds et une épaisse paire de chaussettes.

Alors qu'elle descendait l'escalier, elle entendit le bruit d'une conversation dans la cuisine. Elle s'assit sur la dernière marche pour écouter.

— Au moins, Phil, maintenant qu'il y a de la neige sur le sol, tu peux obtenir l'autorisation de nourrir les poneys, déclara sa mère.

— J'aimerais bien que ce soit aussi simple que ça, répondit le père de Katy. On est samedi aujourd'hui, et lundi, les banques sont fermées. Je doute fort de trouver quelqu'un capable de me donner une autorisation avant mardi.

— À mon avis, ils comprendront si tu agis avant, surtout si tu leur expliques qu'une jument et son poulain sont en danger de mort. Oh, tu es là, ma chérie ! s'exclama soudain sa mère en se rendant compte de la présence de Katy. Tu te sens mieux ?

— Beaucoup mieux, confirma Katy. Mais qu'est-ce que vous étiez en train de dire sur le poulain ?

— J'ai bien peur que sa mère ne commence à manquer de lait, lui révéla son père d'une voix douce. Ce mauvais temps semble les mettre à rude épreuve.

— Est-ce que je peux aller les voir ? demanda Katy à mi-voix.

— Tu risques de trouver ça dur, ma chérie, la prévint son père.

— J'essaierai d'être courageuse, c'est promis, répondit Katy, mais je veux y aller.

Une demi-heure plus tard, Katy traversait le terrain communal, assise sur le quad conduit par son frère. Agrippée au large dos de ce dernier, elle respirait des bouffées de l'odeur de mouton caractéristique de sa veste militaire. Une petite remorque chargée de foin bringuebalait derrière eux. Mousse, leur chien de berger, courait à l'avant, visiblement insensible au sol gelé sous ses pattes.

La neige avait cessé et le vent s'était calmé, mais la température restait glaciale. Le terne paysage ressemblait à une vieille photographie sépia ; la neige enserrait d'un moule blanc les ajoncs et les arbres, qu'elle transformait en silhouettes noires, coiffées par le ciel gris foncé.

Katy déduisit des manœuvres de son frère qu'il cherchait le poulain et pensait sans doute qu'il était déjà mort. Elle avait peur de le trouver, mais elle savait que leur recherche était nécessaire.

— Regarde ! s'écria soudain Tom en arrêtant son engin, le doigt pointé vers le sol.

Katy se pencha. Dans la neige, une ligne d'empreintes – petites et grandes entremêlées – partait en direction d'une vallée encaissée sur la droite.

— À moins qu'un autre poulain soit né, c'est eux ! lança Tom avant de redémarrer.

Il lança le quad à une vitesse telle que Katy, oubliant son inquiétude, resserra l'étreinte de ses bras autour de la taille de son frère, tandis que celui-ci naviguait entre les congères et autour des monticules de glace.

Ils repérèrent la jument et son petit au fond de la vallée. Le poulain ressemblait toujours à un squelette sur pattes, mais au moins, il était vivant. Une fois descendus du quad, Tom et Katy déposèrent sur le sol une balle de foin.

Sans jamais les quitter du coin de l'œil, la jument s'en approcha avec prudence et entreprit de mastiquer lentement cette nourriture bienvenue. Le poulain la rejoignit et, après plusieurs essais infructueux du bout du nez contre ses flancs, finit par trouver ses mamelles.

— Apparemment, il lui reste un peu de lait, déclara Tom en plongeant ses mains dans les poches de sa veste.

Le poulain cessa de téter, écarta ses membres postérieurs et se soulagea.

— Ha, c'est une femelle, constata Tom.

Depuis son anniversaire, Katy n'avait cessé de rêver aux nombreuses aventures qu'elle vivrait avec son poney. Ils seraient inséparables et remporteraient le premier prix de tous les concours auxquels ils participeraient. Et voilà que venait s'ajouter à ses projets l'exaltante possibilité de créer un élevage, du moins si tout se passait comme elle le prévoyait.

— C'est l'idéal ! s'exclama-t-elle, débordante d'enthousiasme. Exactement ce que j'espérais ! Je voulais que ce soit une ponette ! Oh, elle est tout simplement parfaite ! Il faut que papa me permette de la garder. Il le fera, pas vrai, Tom ?

— J'attendrais d'abord de savoir si elle survivra, lui confia ce dernier en la regardant à la dérobée, avant d'ajouter : Remarque, elle a résisté jusqu'ici, alors ses chances sont certainement assez bonnes, mais tu sais ce que papa pense de l'idée d'avoir des poneys à la ferme. Pour lui, ils sont pires qu'une invasion de sauterelles, et ils détruisent les pâturages.

Là-dessus, Tom tira de sa poche un petit paquet enveloppé dans du papier d'aluminium.

— Au fait, est-ce que ça vient de toi ?

— Mon gâteau d'anniversaire ! lança Katy. Je l'avais oublié ! J'avais prévu d'en donner aux agneaux orphelins.

— Les agneaux ne mangent pas de gâteau, espèce d'idiote, rétorqua Tom.

Après avoir écrasé le morceau, il renversa les miettes par terre, roula l'aluminium en une boule qu'il remit dans sa poche, et se dirigea vers la remorque.

— Peut-être, mais les poulains, si, grommela Katy dans sa barbe.

D'un pas chancelant, la pouliche s'était approchée de cet aliment inconnu, éparpillé sur la surface enneigée, et avait commencé à picorer. Elle leva la tête vers Katy et l'agita plusieurs fois comme pour confirmer : « Oui, c'est bon ! » Puis elle se mit à la recherche d'autres miettes. Lorsqu'elle redressa la tête pour la seconde fois, des cristaux de glace s'étaient formés sur les vibrisses qui entouraient sa minuscule bouche. Katy en rit de plaisir, ce à quoi la ponette répondit par un bref hennissement haut perché.

— Fais attention ! cria soudain Tom, qui venait de tourner son regard vers le haut de la vallée. Les autres arrivent ! Vite, aide-moi à mettre le reste du foin par là pour qu'ils laissent la jument tranquille.

Les poneys dévalèrent la pente au trot, les yeux brillants, les oreilles dressées, l'encolure arquée. Leur crinière se soulevait au vent, pareille aux flammes d'un feu crépitant. Katy se demanda pourquoi elle ne leur avait jamais rien trouvé de spécial auparavant car, à cet instant précis, ils lui apparurent comme les plus belles créatures qu'elle ait jamais vues. Ils s'immobilisèrent à quelques pas et renâclèrent d'un air soupçonneux. Puis, la jument la plus hardie s'avança vers le foin, dont elle tira une bouchée, bientôt imitée par les autres. Une bousculade s'ensuivit. Au milieu de la mêlée et dans un concert de hennissements, l'étalon s'assura une belle part du repas. Mais à mesure que la compétition devenait plus rude, certains poneys décidèrent d'aller voir du côté de la mère et de sa pouliche.

— Oh, non ! s'écria Katy. Ils vont la renverser !

Elle n'avait pas de raison de s'inquiéter. En dépit de son évidente faiblesse, la jument n'eut aucun mal à se faire respecter et à tenir ses rivales à distance de son petit.

— On y va, décida brusquement Tom. C'est l'heure de rentrer. J'ai l'ordre de ne pas te laisser attraper froid.

À contrecœur, Katy remonta sur le quad et jeta un dernier coup d'œil derrière elle. Les poneys se régalaient toujours, le nez dans le foin. Elle aurait bien aimé prendre une photo de ce spectacle, mais elle dut se contenter de le placer dans un coin de sa mémoire – il y deviendrait un souvenir qu'elle n'oublierait jamais.

***

Une nouvelle couche de neige apparut durant la nuit. Les parents et le frère de Katy étaient épuisés. Ils faisaient tout leur possible pour que les agnelets restent au chaud et au sec, mais ils commençaient à perdre les plus âgés dans les prés. Maintenant que le sol était blanc, le père de Katy voyait exactement quels prédateurs rôdaient. Le grand nombre d'empreintes de renards et de blaireaux l'alarma. Les cadavres retrouvés étaient la plupart du temps à moitié dévorés, mais il était difficile de déterminer s'ils avaient été tués ou s'ils étaient morts de froid.

Quoi qu'il en soit, la tâche était déprimante, d'autant que la disparition de ces agneaux signifiait que le père de Katy aurait bien moins de têtes à vendre à l'automne qu'il ne l'avait promis à son banquier. L'argent était une préoccupation constante, et il avait récemment envisagé l'impensable : si la situation ne s'améliorait pas, ils seraient peut-être obligés de vendre la ferme.

Le matin de Pâques, Tom et Katy nourrirent à nouveau les poneys. Ces derniers les attendaient avec impatience dans la vallée. Katy les étudia de près, l'un après l'autre, et conclut de cette comparaison que la jument et sa pouliche reprenaient des forces.

Tout le monde se retrouva pour le déjeuner. En plus des grands-parents de Katy, qui restèrent toute la journée, tante Rachel se joignit à eux avec Mark, son compagnon. Rachel avait quitté Barton quelques années plus tôt, après avoir accepté un poste dans une pension pour *hunters*[1]. C'était là qu'elle avait rencontré Mark, dont la famille louait une ferme voisine.

Contrairement à son frère aîné, Rachel avait toujours adoré les chevaux et était une excellente cavalière. Adolescente, elle avait fait partie de l'équipe de compétition de son poney-club. Avec les années, elle avait acquis la réputation de pouvoir éduquer des chevaux considérés comme impossibles à manipuler.

Katy attendit que son père ait fini sa tranche de rôti. C'était le moment ou jamais.

— Papa, est-ce que je pourrais avoir le poney qui vit sur la lande ?

Elle avait lâché cette phrase comme un message préenregistré, et s'étonna elle-même de sa performance.

— Pourquoi pas, répondit son père. S'il passe l'inspection avec succès au moment du marquage, il fera partie intégrante du troupeau, mais on dira qu'il t'appartient. Est-ce que cela te convient ?

1. Cheval autrefois destiné à la chasse à courre et aux courses en pleine campagne, que l'on utilise aujourd'hui surtout pour le concours complet.

— Non. Ce que je voudrais, c'est le prendre à la ferme pour le débourrer et pouvoir le monter. Je veux mon propre poney.

— Quelle bonne idée ! se réjouit son grand-père. Étant donné que j'en suis propriétaire, je serais heureux de te l'offrir. En guise de cadeau d'anniversaire supplémentaire.

Le père de Katy décocha un regard noir à son propre père.

— C'est bien joli, mais c'est mon herbe qu'il mangera et un de mes box qu'il occupera, marmonna-t-il.

— Elle, précisa Katy.

— Quoi ?

Il tourna vers sa fille des yeux las et confus, et Katy regretta soudain d'avoir apporté cette précision. Cependant, le mal était fait.

— *Elle* mangera ton herbe, pas *il*, poursuivit-elle donc.

— D'accord, *elle*. Quoi qu'il en soit, je suis désolé, Katy, mais tu ne peux pas la prendre ici, pour toutes sortes de raisons. La première, c'est que je ne veux pas que tu te blesses. Les Exmoors ne sont pas des poneys pour débutants, surtout quand ils sont nés en liberté. Ton grand-père sait aussi bien que n'importe qui que leur faire accepter le contact avec l'homme exige beaucoup de travail ; et ils ne se séparent jamais vraiment de cette part sauvage en eux. J'ai appris à monter sur un Exmoor, et il m'a désarçonné si souvent que l'expérience m'a dégoûté de l'équitation...

— Oh, balivernes, l'interrompit le grand-père de Katy. Quand j'étais petit, tous les enfants apprenaient à monter sur des Exmoors et ils sont tous devenus de très bons cavaliers. Rachel montait un Exmoor, quand elle participait à des concours avec son club. Ton problème, c'est que tu ne t'es jamais intéressé aux poneys et que tu as toujours préféré les machines. Ce serait amusant de se replonger un peu dans le débourrage, sans compter que Rachel pourrait nous aider.

— Comme au bon vieux temps, c'est cela ? ponctua Rachel avec un sourire.

Le père de Katy prit un air déconfit, comme toujours lorsqu'on lui rappelait quelle bonne cavalière sa sœur était et à quel point lui-même s'était montré décevant dans ce domaine.

— Il y a un autre problème, avança-t-il néanmoins. Si on le... si on la prend, où va-t-on la mettre ? Elle sera malheureuse sans aucune compagnie, et elle aura besoin d'un box avec paille et foin. En plus, il faudra acheter une selle, une bride, payer les visites chez le vétérinaire...

— J'épargnerai tout l'argent que j'ai, s'empressa de proposer Katy. Tante Anne m'a donné dix livres pour mon anniversaire.

Son père la regarda comme s'il s'apprêtait à lui faire remarquer qu'elle n'irait pas loin avec pareille somme, mais il dit :

— D'accord. Tu pourras prendre cette ponette après son sevrage à l'automne prochain si, et seulement si, elle passe l'inspection avec succès. De cette façon, elle sera enregistrée et si elle se révèle impossible à débourrer, ou que tu t'en es désintéressée d'ici là, elle pourra au moins réintégrer le troupeau sur le terrain communal. En revanche, si elle est refusée à l'inspection, elle sera vendue. Marché conclu ?

— Marché conclu ! s'écria Katy en se jetant dans les bras de son père.

Chapitre 3
Alice

Alors que Katy montait dans l'autobus en ce premier jour du dernier trimestre de l'année scolaire, il lui sembla que l'hiver, l'agnelage et la ponette n'étaient plus qu'un rêve lointain. Le soleil brillait dans un ciel sans nuage et il faisait si chaud que certains enfants portaient déjà des tenues d'été. Seuls quelques monticules de neige fondue en bordure de route et quelques traînées de blanc sur les remblais de pierre surmontés de haies vives rappelaient qu'il avait neigé à Pâques, huit jours plus tôt.

« C'est reparti », se dit Katy en s'asseyant à sa place habituelle, à gauche, au troisième rang en partant de l'avant. Monter dans l'autobus, en descendre, classe, récréation, classe, déjeuner, classe, monter dans l'autobus, en descendre : ainsi s'écoulaient ses journées. Katy ne détestait pas l'école, mais elle n'aimait pas vraiment y aller. Si elle avait dû décrire son sentiment par une couleur, elle aurait choisi le gris.

Cinq minutes environ après avoir démarré, l'autobus fit un arrêt inattendu au bout de l'allée qui conduisait à la ferme de Stonyford. Trois élèves montèrent : une fille, grande, aux longs cheveux blonds ; et deux garçons, plus petits, blonds également, et qui se ressemblaient comme deux gouttes d'eau.

Stupéfaite, Katy entendit la fille blonde lui demander, avec un accent assez précieux :

— Je peux m'asseoir ou la place est réservée ?

— Euh... non, bredouilla Katy. Enfin, oui, tu peux t'asseoir si tu veux.

Elles passèrent le restant de la journée à parler. La nouvelle révéla à Katy qu'elle s'appelait Alice Gardner. Sa mère et son père venaient juste de divorcer et Alice, sa mère et ses frères jumeaux avaient déménagé à Stonyford, une ferme située à courte distance, par la lande, de celle de Barton. Le père d'Alice travaillait comme agent de change à Londres, mais ils avaient vécu dans le Surrey. La mère d'Alice y possédait un club hippique et prévoyait maintenant d'ouvrir à Stonyford un centre de randonnée équestre. Alice adorait faire du cheval, possédait deux poneys du nom de Bella et de Shannon, et s'était déjà inscrite au poney-club local.

Katy décrivit à Alice la ferme de Barton et chaque membre de sa famille, parmi lesquels son grand-père et sa tante Rachel. Mais surtout, elle lui raconta sa découverte de la ponette exmoor, qui deviendrait sienne à l'automne.

Le trajet leur parut court. Quand l'autobus se gara devant les grilles de l'école, le cœur de Katy se serra. Alice allait découvrir qu'elle avait sympathisé avec une fille dont la cote de popularité était des plus limitées.

— Est-ce que je peux rester un peu avec toi ? lui demanda Alice alors qu'elles descendaient de l'autobus. Le temps que je me repère un peu ?

— Oui, si tu veux, répondit Katy.

L'autobus étant en avance, elle eut amplement le temps de montrer à Alice les endroits à connaître :

le vestiaire, les salles de cours, le réfectoire, les locaux administratifs, les installations sportives et les toilettes.

— C'est tellement différent de mon ancienne école, s'exclama Alice. Heureusement que je t'ai rencontrée !

Elle passa son bras sous celui de Katy, qui se dirigeait maintenant vers leur classe. Katy ne manqua pas de remarquer les regards stupéfaits lancés par plusieurs élèves en direction de cette nouvelle amie très glamour qui l'accompagnait, et elle ne put s'empêcher de sourire.

Alice et elle s'assirent l'une à côté de l'autre le temps de l'appel général, puis pendant les cours de mathématiques et de géographie. À l'heure de la récréation, elles se ruèrent avec les autres dans la cour ensoleillée.

Claire, qui faisait partie du groupe le plus populaire de l'établissement, se précipita vers elles.

— Ali ! On s'est rencontrées la semaine dernière aux épreuves de sélection des équipes du poney-club, tu te souviens ?

— Mais oui ! s'écria Alice. Quelle surprise !

Claire la serra dans ses bras.

— C'est génial ! reprit-elle. Je ne savais pas que tu serais dans cette école. Viens, je vais te présenter à tout le monde !

Là-dessus, elle prit Alice par la main et l'entraîna vers le coin de la cour où ses amies et elle avaient l'habitude de se rassembler.

Laissée pour compte, Katy s'offusqua d'abord d'être devenue invisible, puis regretta de ne pas l'être lorsqu'elle remarqua qu'un groupe de filles la fixait d'un air apitoyé. Il était évident que les amies de Claire avaient accueilli Alice les bras ouverts et allaient la garder. Aussi Katy décida-t-elle de feindre l'indifférence. Chaque fois qu'Alice lui fit signe de la rejoindre, elle ignora son invitation.

Quand l'heure fut venue de reprendre l'autobus, Katy découvrit Alice prise en sandwich entre plusieurs filles sur la banquette du fond. Elles comparaient leurs téléphones portables. Katy s'installa à sa place habituelle, à l'avant.

Le bus s'arrêta bientôt au coin de l'allée qui menait à la ferme de Stonyford.

— Salut, Ali ! lancèrent les filles du fond. Envoie-nous un texto !

— Bonsoir, Katy, entendit soudain cette dernière. À demain.

Le temps que Katy parvienne à articuler un timide « Au revoir », Alice était descendue.

***

Katy passa les semaines qui suivirent à osciller entre bonheur et détresse, selon qu'Alice lui tenait compagnie ou non. Car celle-ci était devenue si populaire que tout le monde se l'arrachait.

« Il n'y a rien d'étonnant à ce qu'elle aime passer du temps avec des filles jolies et à la mode, se répétait souvent Katy avec tristesse. Pourquoi est-ce que je reste si petite alors que toutes les autres, dans la classe, grandissent chaque jour ? Et pourquoi est-ce que j'ai des cheveux qui ne sont ni vraiment bruns, ni vraiment longs, ni vraiment bouclés ? Je ne peux rien en faire ! »

La veille des vacances, l'autobus s'arrêta devant l'allée qui menait à la ferme de Stonyford. Comme à l'habitude, Katy tourna la tête vers la fenêtre et affecta de se concentrer sur le paysage, tandis que les filles du fond s'écriaient :

— Salut, Ali ! On t'a réservé une place, viens !

Aussi Katy fut-elle interloquée de voir l'intéressée s'installer à son côté.

— Pourquoi est-ce que tu m'évites ? n'hésita pas à lui demander Alice. Je pensais qu'on était amies.

Katy fut prise au dépourvu.

— Oui, on l'est, bredouilla-t-elle, mais... mais ce n'est pas une obligation. Après tout, tu connais beaucoup de monde maintenant. Je sais que tu essaies d'être gentille... d'ailleurs, je te remercie de m'avoir prise dans ton équipe de *net-ball* hier... mais ne t'inquiète pas. Je comprends. Ce n'est pas un problème, vraiment pas.

Alice éclata de rire.

— Katy, quelle petite bécasse tu fais !

— Quelle... quoi ?

— Une bécasse ! C'est l'expression que ma mère emploie quand on dit des bêtises, et tu viens d'en dire une grosse comme toi ! Si c'était un sport olympique, tu remporterais la médaille d'or sans aucun problème. Tu n'as toujours pas compris que c'est avec toi que je veux être amie ?

— Et Claire ? Et toutes les autres ?

— Je les aime bien aussi, mais c'est avec toi que je m'entends le mieux, Katy, sauf quand tu fais ta petite bécasse, bien sûr. Je veux que tu sois ma meilleure amie depuis qu'on s'est rencontrées, mais c'est toi qui n'as plus l'air de m'apprécier.

— C'est faux ! protesta Katy. Je ne voulais juste pas t'obliger à être la mienne, c'est tout.

Alice la serra dans ses bras.

— Alors, on est d'accord ?

Katy hocha gaiement la tête.

— Super ! Et puisque Barton et Stonyford sont proches, on pourra se voir tout le temps, pour jouer, pour faire du cheval...

Katy revint brutalement sur terre.

— Je ne sais pas monter, avoua-t-elle.

— Eh bien, on va devoir trouver une solution à ce problème, et le plus vite possible, déclara Alice. Mistigri t'apprendra !

— Qui est Mistigri ?

— Le poney le plus vieux et le plus sage du monde.

Chapitre 4
La leçon d'équitation

Alice ne fut pas le seul grand changement dans la vie de Katy cet été-là. Depuis que ses grands-parents et Rachel avaient quitté Barton, il y avait trois chambres et deux salles de bains libres. Les parents de Katy décidèrent de les transformer en chambres d'hôtes pour tâcher de compenser les pertes financières essuyées par l'exploitation.

Face à cette nouveauté, Katy éprouva des sentiments partagés. Sa mère passait désormais le plus clair de son temps à cuisiner, à nettoyer et à faire la conversation. Cela signifiait que Katy était moins seule à la maison, et que les repas étaient toujours copieux et délicieux. Elle prit aussi plaisir à montrer la ferme aux hôtes payants, ce qui l'amena à apprécier enfin le lieu où elle vivait. Néanmoins, cohabiter avec des étrangers restait plutôt inconfortable et devoir constamment se montrer calme, bien élevée et ordonnée l'ennuyait profondément.

Avec trois enfants à sa charge et l'ouverture du centre de randonnée de Stonyford prévue pour les vacances d'été, Melanie Gardner était, elle aussi, très occupée.

Fidèle à sa parolc, Alice s'était assurée auprès de sa mère que Katy puisse apprendre à monter aussi vite que possible. Rendez-vous fut pris pour seize heures le premier dimanche de la semaine de vacances, à la fin du mois de mai. Une journée que Katy n'oublierait jamais.

Mistigri avait un regard tendre, un dos ensellé et une robe gris moucheté qui perdait son poil d'hiver.

— Ne t'inquiète pas, il s'occupera bien de toi. C'est un de ces poneys qui a tout vu, tout fait, tout gagné, plaisanta Melanie, les rênes à la main, tandis que Katy grimpait sur le marchepied. Bravo, tu t'es assise doucement. Mistigri aime bien les cavaliers prévenants, pas vrai, mon beau ?

La mère d'Alice passa la main sous la crinière du poney pour lui flatter l'encolure.

— Bon, les étriers. Au premier tiers du pied, repritelle. Voilà, très bien. Maintenant, prends une rêne dans chaque main, les pouces vers le ciel... parfait... et si tu te sens en danger, accroche-toi au pommeau de la selle. Ne tire pas sur les rênes pour te stabiliser. Un contact léger suffit à rappeler que tu es toujours là. Étant donné le nombre de personnes qui ont appris à monter avec lui, Mistigri a une très bonne bouche.

Katy se demandait ce que signifiait cette expression, mais sa timidité l'empêcha de poser la question. Elle découvrit plus tard qu'elle faisait référence à la sensibilité du poney au mors : il obéissait à la moindre tension sur les rênes.

Se tenir perchée sur un poney vivant, qui respirait, et qui, de surcroît, paraissait tout à fait satisfait de la porter, donna à Katy l'impression qu'un miracle venait de se produire. Dans le même temps, cette position sur Mistigri, dont les deux oreilles grises pointaient au bout de la crinière bien peignée qui recouvrait son étroite encolure, lui parut la plus naturelle au monde.

Cette nuit-là, Katy rêva qu'elle chevauchait. Cette fois, cependant, sa monture n'était autre que sa future ponette exmoor. Elle avait une crinière touffue qui retombait en cascade de chaque côté d'une encolure baie trapue. Ses courtes oreilles aux pointes noires dressées, elle l'emportait au grand galop, touchant à peine le sol tapissé de bruyère. Katy conserva un tel souvenir de cette expérience qu'elle eut peine à croire le lendemain que ce n'avait été qu'un rêve.

À la fin des vacances, comme elle avait passé chaque jour à s'entraîner, Katy se sentit suffisamment en confiance pour faire une promenade avec Mistigri. Melanie, montée sur un *hunter* alezan baptisé Max, la précéda, tandis qu'Alice caracolait derrière elle sur Shannon.

— Shannon ne sait pas ce que veut dire une balade tranquille ! s'esclaffa Alice tandis que son poney, effarouché par une bouche d'égout sur le bas-côté de la route, se mettait de travers en agitant la tête avec impatience.

« J'adorerais savoir monter aussi bien qu'Alice, songea Katy en regardant d'un air envieux sa nouvelle amie, parfaitement à l'aise sur sa monture ombrageuse. Heureusement que Mistigri est bien élevé. »

— Katy, tu es naturellement douée ! lança Melanie alors qu'elles revenaient vers la ferme par un sentier. Veux-tu poursuivre les leçons après l'école, à partir de la semaine prochaine ? Ou bien le week-end, si tu préfères et que c'est plus simple pour toi ?

— J'aimerais vraiment pouvoir dire oui, lui répondit Katy, mais mes parents n'ont pas assez d'argent en ce moment.

— Ce n'est pas un problème, la rassura Melanie. Avec tout le travail que tu as abattu cette semaine, tu mérites amplement des cours gratuits. Tout mon matériel d'équitation brille grâce à toi.

— Je n'ai pas eu l'impression de travailler ! affirma Katy.

Elle avait adoré passer du temps dans l'écurie ensoleillée, à bavarder avec Alice tout en écoutant la radio. Démonter les brides et en graisser les différentes parties avant de les assembler de nouveau était aussi agréable que d'assembler les pièces d'un puzzle.

— En fait, rien de ce qui touche aux chevaux n'est du travail, vous ne trouvez pas ? ajouta-t-elle. C'est trop amusant !

— Tu es faite pour ça ! s'esclaffa Melanie.

Katy prit cette déclaration comme le plus beau compliment qu'on lui ait jamais fait.

Mistigri garderait toujours une place spéciale dans le cœur de Katy ; mais lorsque les vacances d'été arrivèrent, elle se sentit prête à passer à un poney plus rapide pour son apprentissage du saut et du galop. Elle continua néanmoins à le monter lorsqu'elle faisait des promenades sur la lande avec Alice, car il était le seul en qui Melanie avait entièrement confiance.

Pour les leçons, la mère d'Alice choisit un nouveau poney du nom de Jacko. Il avait une jolie robe, chocolat au lait pour le corps, chocolat noir pour la crinière et la queue. Alice apprit à Katy que le nom exact de cette couleur était « alezan brûlé », mais cette dernière préférait la référence au chocolat. Jacko était plus grand et plus rapide que Mistigri, et avec lui, Katy eut l'impression de passer d'une petite bicyclette avec stabilisateurs à un vélo tout-terrain équipé de nombreuses vitesses. Dès la première fois où elle se mit en selle, elle sentit sous elle la puissance des muscles de sa monture, ainsi qu'autre chose, une sorte de lien immédiat, comme elle en avait fait l'expérience avec la ponette, et avec Alice.

Jacko semblait aimer la vie. Selon Melanie, c'était un poney qui « avait de l'impulsion », qui « se portait en avant », ce qui signifiait qu'il accélérait très facilement ! Quand elle voulait l'y encourager, il suffisait à Katy de resserrer les jambes imperceptiblement. Pour les sauts, elle se contentait de le diriger vers l'obstacle ; Jacko se chargeait du reste. Les oreilles dressées, il bondissait littéralement de joie. Katy avait le sentiment de voler. Le ralentir se révélait parfois plus compliqué, mais plus l'été avança, mieux elle y parvint. Pas assez, cependant, pour que Melanie lui permette de le monter en pleine campagne. Katy savait qu'elle vivait dans le meilleur des mondes possibles : elle disposait du bon vieux Mistigri, sur lequel elle pouvait compter pour des promenades sans souci avec sa meilleure amie, et du stimulant Jacko pour ses leçons.

Katy n'en démordait pas : monter à cheval procurait un bonheur indicible.

Chapitre 5
Le marquage

Les semaines défilèrent et l'automne revint en un rien de temps.

Un soir, alors qu'ils prenaient tous le thé, le père de Katy annonça :

— Sally, j'ai reçu une lettre de la Société des éleveurs de poneys. Si tu es d'accord, ils passeront marquer les bêtes mercredi après-midi.

— Ça ne devrait pas poser de problème, lui répondit son épouse. Mieux vaut se débarrasser de cette corvée avant que la maison ne se remplisse de nouveaux clients aux vacances d'octobre. Est-ce que tu as une idée du nombre de personnes qui seront présentes ?

— Pas plus précise que d'habitude, grommela le père de Katy, avant de reprendre en comptant sur ses doigts : Voyons. Il devrait y avoir la secrétaire, deux inspecteurs, le vétérinaire, Mark, Tom, mon père, moi, et je veux demander aux frères Rawle de me donner un coup de main. Ça fait déjà dix, sans inclure les équipes de télé et les acheteurs potentiels qui risquent de se présenter, même si le bruit court qu'il y en a peu sur le terrain cette année. J'ai bien peur que ce soit une tendance qui s'installe.

— Est-ce que je pourrai ne pas aller à l'école ce jour-là ? demanda Katy avec espoir.

— Non ! lui répliquèrent ses parents en chœur.

Le lendemain, après la classe, Katy monta vers la lande pour essayer d'y voir le troupeau. Elle avait mauvaise conscience. Les cours d'équitation et les promenades à Stonyford l'avaient tant accaparée qu'elle en avait négligé sa ponette, et elle s'en voulait de ne pas lui avoir rendu visite aussi souvent qu'elle l'avait prévu. Les poneys, eux, pouvaient se passer d'elle. Elle les avait parfois rencontrés lors de ses balades avec Alice, et avait réussi à s'en approcher de bien plus près que lorsqu'elle était à pied. Elle avait même provoqué la colère de Canon, l'étalon. Ce bon vieux Mistigri avait eu si peur qu'il en avait fait demi-tour sur une pirouette avant de s'enfuir au galop, ce qui avait forcé Katy à se cramponner à lui comme si sa vie en dépendait, tandis que l'étalon les poursuivait, oreilles plaquées en arrière et l'encolure ondulant comme un serpent !

Lorsque Katy arriva devant le terrain communal, à sa grande surprise, elle découvrit le troupeau rassemblé juste de l'autre côté du portail. Bien qu'ils l'aient entendue arriver, les poneys l'ignorèrent. Ils devaient se sentir protégés par la barrière.

La ponette, qui paissait avec deux autres poulains, observait Katy du coin de l'œil. Au bout d'un moment, sa curiosité l'emporta et elle quitta ses congénères. Son pas était hésitant mais, l'encolure tendue, elle claqua des dents, un signe de soumission à l'adulte chez les jeunes chevaux. Bien que son cœur batte la chamade, Katy baissa les yeux et s'efforça de se détendre. La ponette vint droit vers elle et entreprit de se frotter l'encolure contre les traverses du portail.

Très lentement, Katy s'approcha, puis déplaça doucement la main le long des barres, tout près de la tête de la ponette. Avec précaution, elle effleura alors son chanfrein et un frisson se propagea dans son bras. La ponette fit un petit bond, comme si elle aussi avait ressenti ce léger choc électrique, mais elle ne s'enfuit pas.

Toutes deux restèrent immobiles quelques secondes, durant lesquelles Katy continua de caresser la tête de la ponette tout en lui parlant à voix basse. Finalement, comme si de rien n'était, la petite décida de retourner vers son troupeau.

Folle de joie, Katy repartit en courant vers la maison, devant laquelle elle trouva son grand-père occupé à réparer la clôture.

— Grand-père ! s'exclama-t-elle, haletante. Tu ne me croiras jamais, mais tout le troupeau est rassemblé devant le portail du terrain communal et j'ai réussi à toucher ma ponette !

Elle avait déjà choisi un nom pour cette dernière ; toutefois, elle préférait le garder secret tant que le marquage et l'enregistrement n'étaient pas officialisés.

— Félicitations, demoiselle ! répondit son grand-père avec un sourire radieux. S'ils sont tous là, ce serait peut-être une bonne idée de les conduire jusqu'à

Moor Field avant qu'ils ne disparaissent de nouveau à l'autre bout du terrain. Qu'en penses-tu ?

Katy et lui réalisèrent le rassemblement de poneys le plus simple jamais effectué. Il leur suffit d'ouvrir le portail pour que les bêtes se faufilent l'une après l'autre dans l'ouverture ainsi créée : vingt et une juments, cinq *yearlings*, dix-neuf poulains et un étalon. À peine arrivés dans le pré, tous baissèrent l'encolure pour savourer la douce et luxuriante herbe qui y était cultivée.

— Quarante-cinq, quarante-six... Parfait, ils sont tous là. Quel magnifique spectacle, tu ne crois pas, Katy ? murmura son grand-père.

Sous le soleil couchant, les robes des poneys luisaient de multiples nuances allant de l'or argenté au noir en passant par toutes les teintes possibles de bai.

— Si, c'est beau, grand-père, confirma Katy en glissant sa main dans la sienne.

— Quand les poneys ont le choix entre la liberté et un bon repas, ils choisissent toujours le bon repas ! dit-il avec un petit rire.

À partir de ce jour-là, et jusqu'à celui du marquage, Katy alla voir le troupeau quotidiennement. Sa ponette ne se laissa plus caresser, mais la veille de l'importante journée, Katy s'endormit en pensant : « À cette heure, demain, je serai propriétaire d'un poney. »

Le jour se leva sur un temps humide. Une brume composée de minuscules gouttelettes de pluie semblait transpercer et saturer tout ce qu'elle touchait. Les habitants de la région disaient qu'il « pleuvait de la boue », car tout devenait effectivement boueux en un rien de temps.

Immobiles dans le pré derrière la maison, un nuage de vapeur s'élevant de leur corps, les poneys avaient l'air pitoyables.

Deux acheteurs potentiels étaient arrivés avec des vans, et quelques membres enthousiastes de la Société des éleveurs d'Exmoor avaient fait le déplacement par simple intérêt pour ce troupeau de Barton si réputé. Un homme se trouvait là également, qui réalisait un documentaire vidéo intitulé « Les grandes figures d'Exmoor ». Il voulait interviewer le grand-père de Katy sur son engagement dans la défense de la race Exmoor. Le vieil homme était aux anges.

Le père de Katy, lui, détestait les jours de marquage. Même s'il refusait de l'avouer, il n'avait jamais réussi à oublier qu'enfant, il avait peur des poneys. Son incapacité à les distinguer les uns des autres constituait pour lui une autre source d'embarras par rapport à son père, qui non seulement n'avait aucun mal à les reconnaître, mais en plus mémorisait leur pedigree depuis des générations.

Le marquage nécessitait de séparer chaque petit de sa mère. Ensuite, il fallait les attraper et les attacher, afin qu'on puisse leur implanter une puce sous-cutanée et, enfin, leur appliquer le fer. Ce n'était pas un travail pour les timorés, car ces poulains, jamais encore manipulés par l'homme et terrifiés, se débattaient souvent avec l'énergie du désespoir. Les implants étaient devenus obligatoires pour tous peu de temps auparavant, et s'effectuaient au milieu du ligament cervical, près de la partie supérieure de l'encolure. Chaque poulain disposait ainsi d'un numéro d'enregistrement unique, lisible par lecteur manuel, qu'il conserverait toute sa vie et qui serait également spécifié sur son passeport. En théorie, ces implants de puces rendaient le marquage inutile, puisque chaque individu pouvait être identifié de façon électronique, mais Barton avait maintenu les deux opérations. En effet, la marque était facile à voir, même à distance, alors que pour lire la puce, il fallait attraper le poney et l'immobiliser, ce qui n'était pas toujours très aisé avec des animaux en liberté.

Chaque poney devait également recevoir un nom. Avec le grand-père de Katy, c'était toujours celui d'une plante sauvage. Mais, quelques années plus tôt, il avait décidé de laisser le choix à ses petits-enfants. Tom avait une préférence pour les machines et l'armement, d'où le nom de Canon pour l'étalon ; et Katy, pour tout ce qui faisait référence aux sucreries ou aux desserts, comme Caramel, Sorbet, Toffee, Glace ou encore Biscuit.

En général, les pouliches restaient avec le troupeau de Barton ou étaient vendues à des particuliers, et les poulains partaient aux enchères de Brendon. L'événement, un lundi, coïncidait toujours avec les vacances scolaires d'octobre et constituait une véritable attraction pour de nombreux enfants de la région.

L'un après l'autre, les poulains furent séparés de leur mère, dont on enregistra le numéro. Une fois attrapés et immobilisés, on leur préleva un échantillon de poils pour effectuer des tests génétiques destinés à vérifier qu'ils remplissaient les critères de la race Exmoor.

Puis les inspecteurs les examinèrent avec grand soin, pour détecter la présence éventuelle de défauts tels que des marques blanches ou des mâchoires mal alignées. Il était rare qu'un poulain de Barton ne passe pas l'inspection, mais cela arrivait parfois.

Ce fut le cas pour la pauvre pouliche que Katy voulait adopter.

— Geoff, regarde, cette petite a quelques crins blancs dans la queue, fit remarquer l'inspecteur Alan Tucker à son collègue.

— Humm, je vois ce que tu veux dire, Alan, répondit ce dernier. C'est peut-être dû à une morsure, mais on n'est jamais assez prudent. Dommage, parce qu'elle est craquante, sinon.

— Qu'est-ce qu'on fait ? On attend l'année prochaine avant de l'enregistrer ?

— Oui, ce serait plus sérieux.

— D'accord. Vous pouvez la laisser repartir !

C'est ainsi que la ponette de Katy échoua à l'inspection.

Lorsque Katy rentra enfin de l'école, tout le monde était attablé dans la cuisine autour d'un thé.

— Alors, quel est son numéro ? s'exclama Katy avec enthousiasme en laissant tomber son cartable par terre pour prendre un sandwich. Attendez que je vous dise le nom que je lui ai trouvé !

— Katy, ma chérie..., bredouilla son grand-père, non sans lancer du regard des appels à l'aide à son fils, ta ponette n'a pas passé l'inspection. Mais ton père et moi avons décidé de te laisser en choisir une autre dans le troupeau. Et puis, tu dois encore trouver des noms à tous ceux qui ont été acceptés pour que M. Wright puisse les enregistrer.

Les yeux de Katy s'écarquillèrent d'horreur ; tous ces adultes étaient là, assis, à boire et à manger comme si rien de terrible ne s'était passé. Sa vue se brouilla et elle eut la nausée. Elle lâcha son sandwich entamé et s'élança dans l'escalier. Elle ne permit à ses larmes de couler qu'une fois protégée par la porte fermée à clé de sa chambre. Elle n'avait jamais pleuré ainsi auparavant : longtemps, son corps fut secoué d'énormes sanglots venus du centre même de son être.

Elle pensait qu'elle partagerait avec la ponette non seulement le même anniversaire, mais aussi une destinée commune. Elle avait espéré qu'elles deviendraient inséparables à compter de ce jour-là. Et que, comme dans toutes les histoires qui se terminaient bien, elles s'en iraient sous les rayons du soleil couchant, et vivraient heureuses à jamais.

Toutes ces perspectives venaient de se transformer en un horrible cauchemar, et Katy n'y pouvait rien. Elle savait que son père ne reviendrait pas sur le marché qu'ils avaient conclu. À ses yeux, tous les Exmoors se ressemblaient ; sans enregistrement officiel, ils devenaient tout à fait inutiles. Quant à son grand-père, il éliminait systématiquement du troupeau tout individu qui ne passait pas l'inspection. Katy dut s'avouer qu'elle avait surtout espéré pouvoir s'inscrire à tous les concours d'Exmoor, pour les remporter. Or, les poneys sans certificat de race n'étaient pas acceptés dans les compétitions.

Ses rêves venaient bel et bien de voler en éclats.

Les invités étaient partis. Le père et le grand-père de Katy aidaient la mère de cette dernière à laver la vaisselle et à ranger.

— Et si on lui permettait de garder cette ponette jusqu'à l'inspection de l'année prochaine ? suggéra son grand-père. Je suis sûr que ces poils blancs sont dus à une morsure. Canon n'a jamais engendré de poulains avec des marques blanches, et aucun de ceux que Prêle a mis bas n'a raté l'inspection jusqu'ici. C'est la faute à pas de chance.

— Comprends-moi bien, répondit le père de Katy. Je suis aussi contrarié que toi. Mais c'est toi qui m'as appris qu'il faut savoir accepter les défaites. Si cette ponette échoue à nouveau à l'inspection l'an prochain, elle n'aura plus aucune chance. Sans compter que Katy aura encore plus de mal à s'en séparer. Alors qu'en réalité, elle était tellement concentrée sur ses cours d'équitation qu'elle s'est à peine préoccupée des Exmoors cet été. Crois-moi, dans deux ou trois semaines, elle aura tout oublié.

— Cela me chagrine, mais tu as probablement raison, Phil, admit le grand-père de Katy. À dire vrai, je me suis aussi demandé s'il était sage de lui offrir une ponette trop jeune pour être montée, et si elle ne s'en lasserait pas avant que ce soit possible. Ta mère et moi avons un peu d'argent de côté, et nous serions heureux d'acheter à notre petite-fille un poney expérimenté et bien élevé, dont elle pourrait profiter dès maintenant. Nous avons acheté son premier vélo de trial à Tom à peu près au même âge ; un poney pour Katy ne serait donc pas injuste. Qu'en penses-tu ?

— Si vous pouvez vous le permettre, ce serait formidable et ça me rendrait beaucoup plus heureux, répondit le père de Katy.

— Moi aussi, renchérit la mère de celle-ci. Posséder un poney sûr et bien dressé sera beaucoup mieux pour elle. Je suis certaine qu'elle sera ravie.

Elle se trompait.

Chapitre 6
La vente aux enchères de Brendon

Effrayés et désorientés, les onze poulains, les six vieilles juments et la pouliche descendirent la rampe du camion dans un tonnerre de sabots et se ruèrent dans l'enclos de présélection.

Eux qui ne connaissaient que le terrain communal et la ferme de Barton avaient vu leur environnement se transformer du jour au lendemain. On les avait serrés comme des sardines à bord d'un camion terrifiant, pour les expédier au milieu de ce lieu bruyant, bondé et déroutant.

De surcroît, la plupart des poulains, qui souffraient d'avoir été séparés de leur mère, tentaient désespérément de téter les vieilles juments pour se réconforter. Ces dernières, agacées, les mordaient et leur décochaient des ruades dès qu'ils s'approchaient de leurs flancs.

Pour ajouter à cette pitoyable situation, il pleuvait à verse.

Les perspectives n'étaient pas roses pour Katy non plus. Allongée sur son lit, désemparée et minée par un écrasant chagrin, elle écoutait la pluie marteler la fenêtre de sa chambre.

Depuis le jour du marquage, elle avait évité de voir les poneys. Il lui était plus simple de prétendre qu'ils n'existaient pas. Néanmoins, elle se sentait terriblement coupable de n'avoir même pas dit au revoir à sa ponette. D'une certaine façon, elle avait le sentiment d'avoir manqué à la promesse de confiance et d'amitié qui les avait secrètement liées une semaine plus tôt devant le portail du terrain communal.

— De quel droit les êtres humains appliquent-ils des règles aussi stupides ? marmonna-t-elle en laissant couler ses larmes sur son oreiller. Est-ce que cet inspecteur aimerait qu'on l'accuse d'être inutile parce qu'il a quelques cheveux blancs ?

C'est la question qu'elle avait posée à son grand-père l'avant-veille au soir. Celui-ci s'était efforcé de lui expliquer à quel point il importait de préserver la pureté d'une race aussi spéciale que celle des Exmoors, mais Katy n'avait aucune envie de l'écouter. Et lorsqu'il lui avait offert de lui acheter un « vrai » poney, elle lui avait répondu sans hésitation que, si elle ne pouvait avoir sa ponette, alors elle ne voulait rien. Ce faisant, elle avait sans doute gâché ses possibilités de jamais posséder une monture, sans compter qu'elle avait fait preuve de grossièreté et d'un total manque de reconnaissance, autres sujets de remords qui la tourmentaient.

Saisie d'une soudaine impulsion, elle attrapa sa tirelire et en versa le contenu sur son lit pour compter ses économies. Si seulement elle avait gardé son argent au lieu de le dépenser en sucreries et pour ce stupide kit de maquillage ! Vingt-sept livres quatre-vingt-dix suffiraient-elles ?

Elle dévala l'escalier quatre à quatre en hurlant :

— Maman ! Maman !

— Que se passe-t-il ? s'exclama sa mère en se ruant hors de la cuisine.

— Rien de grave, répondit Katy. Je veux juste savoir si tu peux me conduire à Brendon.

— Katy, tu sais bien que ça m'est impossible, et puis, cesse de crier quand tu veux me demander quelque chose. J'ai cru qu'il était arrivé une catastrophe.

— Je t'en prie, maman, insista Katy. Tu pourrais juste me déposer et revenir tout de suite ici.

— Non. Et arrête de te ronger les sangs au sujet de cette ponette. En plus, je suis débordée. Cinq clients viennent ce soir, et je n'ai pas encore préparé les chambres. D'ailleurs, tu pourrais te rendre utile en allant retirer les draps sales des lits.

Katy n'avait aucune envie d'aider. Elle s'assit sur l'escalier et, la tête dans les mains, réfléchit un instant. Si son grand-père la conduisait à la vente, il voudrait rester avec elle – mauvaise idée. De toute façon, il n'allait jamais à Brendon, car il détestait voir partir ses poneys. Et si elle s'y rendait à pied ? Elle l'avait fait à cheval une fois cet été avec Melanie et Alice, mais le trajet leur avait pris toute la journée. Melanie et Alice ! Pourquoi n'y avait-elle pas pensé plus tôt ? Sans doute parce qu'elle savait qu'Alice passait le premier week-end des vacances d'octobre avec son père. Mais pas le lundi ; elle devait donc être rentrée. Katy tenta sa chance.

Sa mère était repartie dans la cuisine, où elle avait allumé la radio. Katy prit discrètement le téléphone et composa le numéro de Stonyford. Elle le connaissait par cœur.

— Centre de randonnée de Stonyford !

— Alice ! s'écria Katy. Formidable, tu es revenue ! Écoute, est-ce que ta mère pourrait me conduire à la vente aux enchères de Brendon ?

— Ça m'étonnerait, répondit Alice. Remarque, un groupe de cavaliers vient d'annuler la promenade prévue, à cause de la pluie. Attends une seconde, je vais lui poser la question. Par contre, est-ce que tu es vraiment sûre de vouloir y aller le jour où ils vendent ta ponette ?

— C'est exactement pour cette raison que je dois y aller : je veux l'acheter !

— L'acheter ? s'étouffa à moitié Alice. Tu as perdu la tête ! Ton père sera fou de rage, non ?

Katy se rendit compte qu'elle n'avait pas envisagé cet aspect de la chose. Néanmoins, elle répondit d'un ton solennel :

— Tant pis, c'est un risque que je dois courir.

Alice eut un petit rire.

— D'accord, je vais demander à maman. Je l'entends dehors.

— Ne lui dis pas pourquoi.

— Je ne suis pas bête. Ne bouge pas, je reviens dans une minute.

Elle ne reprit le combiné que plusieurs minutes après, tout essoufflée.

— Tu es toujours là ? Désolée, maman conduisait les chevaux au pré et j'ai dû la rattraper. Mais tu sais quoi ? Elle trouve que c'est une très bonne idée. On passe te chercher dans une heure. Ça te va ?

— Si vous pouvez venir plus tôt, ce sera encore mieux. Je crois qu'ils commencent la vente des poneys à midi et il est déjà dix heures trente. Le temps qu'on les trouve, on n'aura pas trop d'avance.

— D'accord, on se dépêche. À tout de suite !

Katy alla se poster sur le pas de porte de la cuisine.

— Maman, je vais à Stonyford aujourd'hui. Melanie vient me chercher.

Ce n'était qu'un demi-mensonge.

— Entendu, ma chérie. Amuse-toi bien, lui répondit sa mère, soulagée à l'idée de pouvoir enfin travailler en paix.

Cinquante minutes plus tard, Katy, Alice, les jumeaux et Melanie filaient en voiture vers Brendon. Ils y arrivèrent juste avant midi, et eurent la chance de trouver une place où se garer dans le pré derrière le pub. Le mauvais temps avait dissuadé beaucoup de monde de venir.

— Je veux que vous restiez ensemble comme si vous étiez collées l'une à l'autre, lança Melanie aux deux amies. Ne parlez pas aux inconnus. Voici dix livres pour vous acheter quelque chose à boire ou à manger.

— Merci ! répliquèrent Alice et Katy en chœur.

Sans attendre, elles s'élancèrent dans la rue qui menait vers l'espace de vente. Celui-ci se trouvait au bout d'un vaste terrain plat sur lequel s'était installé un marché des plus éclectiques où se vendaient portails, abris à cochons, bicyclettes, poules, furets, remorques, matériaux de construction, ou encore articles de sellerie. Bref, à peu près tout ce que l'on pouvait imaginer.

L'ensemble avait l'air fascinant, mais les deux amies n'avaient pas de temps à perdre. Elles se dirigèrent droit vers les enceintes de présélection.

Cinq rangées de personnes en rendaient déjà l'accès difficile. Quelques chevaux, dont un de trait, immense, aux membres musclés et aux sabots larges surmontés de fanons abondants, étaient attachés à une clôture en bois. Quant aux enclos, ils étaient emplis de poulains sauvages de tailles et de couleurs différentes. Certains ressemblaient à des Exmoors, mais la plupart n'en étaient pas.

Où se trouvaient donc ceux de la ferme de Barton ? La foule qui se pressait empêchait Katy de voir quoi que ce soit. Au moment où l'affolement s'apprêtait à la submerger, elle aperçut près d'elle l'un des frères Rawle.

— Matt, bonjour ! Est-ce que vous savez dans quel enclos les poneys de mon grand-père ont été rassemblés ? lui demanda-t-elle, pantelante.

— Celui du coin, là-bas. Tu veux que je te soulève pour que tu te repères mieux ?

— Oh, oui, merci ! Enfin, si je ne suis pas trop lourde pour vous.

— Tu penses ! répondit Matt Rawle en la hissant sans effort sur ses larges épaules.

À présent, Katy disposait d'une vue d'ensemble. Au centre des installations se trouvait une carrière de présentation, ronde et vide pour l'instant, ceinte par les enclos disposés en demi-cercle. Un groupe d'Exmoors à l'air abattu était réuni à l'une des extrémités. Ce devaient être ceux de Barton. Katy s'affola de nouveau : la ponette ne semblait pas en faire partie. Cela dit, la pluie avait noirci leur robe et ils se tenaient blottis les uns contre les autres, tête basse. Il était impossible de les différencier. Consciente qu'elle ne pouvait pas rester éternellement juchée sur les épaules de Matt, elle lui demanda :

— Comment fonctionne la vente ?

— Difficilement, plaisanta ce dernier, avant de poursuivre d'un ton un peu plus sérieux : Les poneys sont séparés en plusieurs groupes, on appelle ça des « lots », sur lesquels les acheteurs misent au fur et à mesure qu'ils sont introduits dans la carrière de présentation. Celui qui offre le prix le plus haut est le pauvre idiot qui aura l'honneur de garder le lot. Tu es prête à descendre ? J'ai promis à ton père de le retrouver au pub pour une bière.

— Oh, je vous en prie, Matt, ne lui dites pas que je suis ici ! l'implora Katy. Mais j'ai une dernière question : comment fait-on pour voter ?

— On dit miser, Katy, pas voter ! Ça dépend des gens. Certains se touchent le nez, d'autres hochent la tête, ou lèvent légèrement le catalogue qu'ils ont à la main. J'ai l'impression qu'il y a beaucoup de choses qu'il vaudrait mieux que je cache à ton père...

— Ce n'était qu'une question, répliqua Katy d'un ton aussi détaché que possible.

— D'accord, à plus tard, jeune fille. Et suis mon conseil : garde tes mains dans tes poches. Il suffirait que tu te grattes le nez pour que tu finisses avec un troupeau de poneys ! s'esclaffa Matt.

Là-dessus, il redescendit Katy de ses épaules et s'éloigna.

Étant donné le nombre de personnes qui les séparaient de la carrière de présentation, Katy et Alice s'inquiétaient surtout de ne pas réussir à attirer l'attention du commissaire-priseur.

Ding, ding, ding ! Ding, ding, ding ! Un homme armé d'une cloche à main passa devant elles, provoquant un mouvement de foule plus prononcé vers les enclos. Comme s'il s'était apprêté pour une réplique, le soleil perça soudain les nuages et illumina la scène d'un faisceau de lumière aussi puissant que celui d'un projecteur, révélant les volutes de vapeur qui s'élevaient des poneys.

— Je crois qu'ils vont commencer la vente, cria Alice dans l'oreille de Katy.

— À l'aide ! lui répondit cette dernière d'une voix étranglée. Qu'est-ce que je fais maintenant ?

Au même instant, un homme de grande taille recula, écrasant accidentellement le pied de Katy.

— Désolée, ma p'tite ! s'excusa l'inconnu. Vous devriez aller devant, toutes les deux. Servez-vous dans ce coin, juste contre la barrière.

— Merci beaucoup ! s'exclamèrent Katy et Alice.

Le verbe « serrer » convenait parfaitement à la situation. Il y avait tant de monde qu'elles avaient peine à respirer ; mais au moins, désormais, elles bénéficiaient d'une vue de premier choix sur la carrière.

— Mesdames et messieurs, la vente est ouverte ! tonna la voix du commissaire-priseur. Nous avons aujourd'hui une bonne sélection d'équidés, sauvages, habitués au licol, et déjà, montés. Nous allons débuter avec les poneys de Jack Squires, de Barton. Je n'ai pas besoin de vous les présenter. C'est un beau troupeau d'Exmoors, gardé sur la lande toute l'année comme il se doit. Bill, envoie les juments en premier s'il te plaît !

Le cœur de Katy se mit à palpiter. Elle n'avait pas prévu que les lots de la ferme de Barton seraient vendus en premier ; elle avait besoin de temps pour apprendre à miser.

— À l'aide ! chuchota-t-elle.

— Tu vas y arriver ! la rassura Alice à voix basse.

— Regardez-moi cette belle brochette de juments exmoor, toutes enregistrées et munies d'un vrai pedigree ! Nées et élevées à la ferme de Barton. Elles ont donné naissance à de bons poulains par le passé. Ont toutes été saillies par l'étalon Canon. À prendre à l'unité, ou au lot. Elles seront parfaites si vous envisagez de commencer un troupeau. Elles savent se débrouiller seules sur la lande. J'ouvre la vente à 30 £ ! Qui me suit ? Oui ! Merci, madame. 30... 30... 32... 34...

34... 36... 38... 40... 42... 44... 46, c'est mieux, 48... 50... 50... 52...

Katy jeta un coup d'œil frénétique autour d'elle, pour essayer, en vain, de s'approprier les signes utilisés par les enchérisseurs. Le commissaire-priseur débitait les chiffres à une rapidité telle que, la plupart du temps, elle ne comprenait même pas ce qu'il disait.

— Adjugé à 54 £ ! annonça-t-il brusquement. Vous prenez le lot, madame ? Oui ? Votre nom ? Merci !

Il griffonna quelques signes sur sa planche, avant de poursuivre :

— Et qu'est-ce qu'on a maintenant ? On ferait bien de voir cette ponette. Elle paniquera si on vend les poulains d'abord et qu'on la laisse seule dans l'enclos.

Katy avait envie de hurler : « Ce n'est pas juste ! Je ne suis pas prête ! »

Elle s'agrippa aux barres de la clôture pour ne pas défaillir.

— Oh ! Oh ! s'exclama le commissaire-priseur tandis que la ponette déboulait au galop, accompagnée d'un poulain. On va les laisser ensemble, mais notez bien, on ne vend que la demoiselle. Oui, belle dame ? C'est exact, la ponette est la plus grande des deux et sa robe est légèrement plus claire. À savoir cependant : elle n'est pas marquée, parce qu'elle a quelques poils blancs sur la queue. *A priori,* ils sont dus à son jeune âge, et ils devraient avoir disparu l'an prochain quand elle repassera l'inspection. Sinon, comme vous pouvez le constater, sa conformation est bonne, et je ne serais pas du tout surpris qu'elle rafle toutes les compétitions dans quelques années. C'est de l'élevage de grande qualité. On débute à 40 £ ! Qui me suit ?

Le moral de Katy s'effondra.

— Comment, personne ? 30 alors ?

C'était toujours trop pour elle.

— Toujours pas d'offre ? Personne ne veut porter d'enchère ?

Ne comprenant pas exactement ce que le commissaire voulait dire, Katy garda le silence.

— 10 £ ! lança soudain une femme quelque part à sa droite.

— Merci, madame. On débute à 10 £ ! 10... 10... qui dit mieux ? 12 £, quelqu'un ?

— Vas-y ! siffla Alice dans l'oreille de Katy. Dépêche-toi !

— Qu'est-ce que je dois faire ? s'affola Katy.

— Enchéris, sinon cette femme partira avec ta ponette !

— Oui, moi ! s'écria Katy.

Tous les regards se tournèrent vers elle. Mortifiée, elle sentit son visage s'empourprer.

— Merci, ma p'tite dame, commenta le commissaire-priseur sans pouvoir dissimuler un sourire amusé.

— On est à 12... Quelqu'un d'autre à 14 ? 14 ?

Alice décocha un coup de coude à Katy, qui leva le doigt comme elle le faisait à l'école. Mouvement réussi. Le sourire toujours aux lèvres, le commissaire-priseur lui adressa un signe de tête.

— On est à 16. 16. Quelqu'un à 18 ? 18... 20... 22... N'oubliez pas, on parle d'une ponette de première qualité, et il n'y aura pas de frais de castration.

Une cascade de rires se propagea autour de la carrière.

— 22... 24... 24...

Katy perdait de plus en plus pied. Elle n'avait que vingt-sept livres quatre-vingt-dix en poche. Pourquoi son grand-père lui avait-il dit qu'une ponette sans passeport n'avait aucune valeur ? Vingt-quatre livres, c'était beaucoup d'argent !

— 26 à droite...

Elle pria.

— 28 à gauche... 28... 28...

Trop tard. Elle l'avait perdue.

— 28... 28... Qui dit mieux ?

— Prends ça ! souffla soudain Alice en tendant à Katy le billet de dix livres que sa mère leur avait donné pour le déjeuner.

Katy brandit la main.

— La demoiselle est toujours là, lança le commissaire. Ce qui nous amène à 30... 30... 30...

— J'ai combien en tout ? siffla Katy.

— Si tu es prête à mourir de faim, 37£90, lui répondit Alice.

— 32... 34... On a un 36... ?

Katy avait le sentiment d'être torturée à petit feu. Elle ne pourrait enchérir qu'une fois de plus, avant de devoir abandonner.

Au même moment, la ponette se figea, la tête dressée, les yeux étincelants, les narines dilatées. Tandis que de la vapeur s'élevait de son corps frémissant, elle poussa un hennissement puissant.

Aveuglée par les larmes qui lui emplissaient les yeux, Katy leva de nouveau la main.

— Tu n'as pas besoin d'enchérir sur ton offre, jeune fille, annonça le commissaire-priseur. Madame, là-bas, vous renoncez ? Oui ? Très bien. 36 une fois. 36 deux fois. Adjugé vendu ! À... ? Ton nom, s'il te plaît, jeune fille.

Katy ouvrit la bouche, mais seul un filet de voix tremblant en sortit.

— Désolé, mais tu vas devoir parler plus fort.

Encore une fois, Alice vint au secours de son amie.

— Katy Squires, de la ferme de Barton, déclara-t-elle.

— Alors ça ! s'esclaffa le commissaire-priseur. On ne me l'avait encore jamais faite, celle-là. Est-ce que Phil est au courant ?

— Non, bredouilla Katy.

— Non ! reprit Alice à voix haute, pleine d'assurance. On veut lui faire une surprise.

— Je suis sûr que ce sera réussi ! répondit le commissaire-priseur en éclatant de rire, bientôt imité par l'assemblée.

Sans demander leur reste, Katy et Alice se faufilèrent à travers la foule. Une fois capables de respirer normalement, elles se tournèrent l'une vers l'autre et, tout en tapant des mains, s'écrièrent :

— On a gagné !!!

— Qu'est-ce qu'on doit faire maintenant ? s'interrogea brusquement Katy, rattrapée par le sérieux de la situation.

— Aller payer ces gens qui se tiennent là-bas, sous l'abri, lui indiqua Alice. Puis retrouver ma mère, et prier pour qu'elle soit toujours de bonne humeur.

Le père de Katy profita de la vente de matériel agricole pour acheter deux herses étrilles ainsi qu'un ensemble de vieux outils, puis il passa le reste de la journée au pub avec ses amis. Il ne voulait surtout pas assister à la vente de ses poneys. La seule idée que la ponette de Katy puisse finir dans une boucherie, destinée la plus probable pour un poney sauvage non enregistré, lui donnait la nausée, et il n'avait aucune envie de connaître l'identité de son acheteur.

— Phil, les juments de Jack sont parties à 54 £ tête, lui annonça Matt Rawle en le rejoignant.

— Je vais devoir offrir la tournée, alors, répondit le père de Katy. Ils vendent quoi maintenant ?

— La ponette dont ta fille s'est amourachée.

— Oh... Si tu savais à quel point cette histoire me contrarie, Matt. Je n'aurais jamais dû conclure ce marché avec Katy. Il y a peu de chances que sa ponette soit reprise par un bon Samaritain.

— Je n'en suis pas si sûr, murmura Matt avec un sourire. En fait, il est bien possible qu'elle ne se rende même pas compte qu'elle a changé de maison.

— Sauf qu'aucune personne sensée n'achètera une ponette exmoor sauvage et non enregistrée, lui fit remarquer le père de Katy.

— Oh, j'en connais une ou deux... enfin, une en tout cas.

— J'espère que tu as raison..., répondit le père de Katy. Mais pourquoi est-ce que tout le monde rit, ici ? La ponette s'est enfuie ou quoi ?

— Tout dépend de quelle ponette tu parles, gloussa Matt avant de vider son verre.

— Quoi ?

— Oh, rien ! Allez, c'est ma tournée. Tu reprends la même chose ?

Une fois les enchères terminées, le commissaire-priseur vint à son tour prendre au pub un verre bien mérité.

— Alors, Hugh, comment se sont vendus ces poneys ? s'enquit le père de Katy.

— Les tiens, mieux que la plupart, Phil, ce qui ne veut pas dire cher, malheureusement.

— Et la petite ? Je t'en prie, dis-moi qu'elle est partie chez une gentille dame, toute douce et tendre.

— Tu peux être rassuré, Phil, c'est le cas. D'ailleurs, je viens juste de voir cette fameuse dame en train de la faire monter dans un van dernier cri.

— Tu crois qu'elle est de la région ?

— Ça oui, confirma le commissaire-priseur, déclenchant une salve de rires chez tous les clients.

Chapitre 7
Un hiver à Stonyford

Katy ne prit conscience de l'énormité de son acte que sur le chemin du retour, alors que le van de Melanie transportait à l'arrière sa précieuse acquisition.

— Vous ne pensez pas que Cannelle va se sentir un peu seule ? demanda-t-elle à Melanie d'un ton anxieux.

— Cannelle ? s'esclaffa Alice. C'est le nom que tu as choisi ?

— Oui, répliqua Katy, piquée. Il y a des mois. Et j'en suis fière, parce que c'est un jeu de mots.

— Explique-moi, la défia Alice, à qui il arrivait de prendre un ton supérieur particulièrement agaçant.

— Son père s'appelle Canon, et sa mère Prêle. Je voulais garder un peu des deux, et j'ai trouvé Cannelle, qui est aussi une de mes épices préférées.

— Tu as fait un très bon choix, déclara Melanie avec diplomatie. Et pour répondre à ta question, Katy, oui, ta ponette se sentira probablement seule pendant un moment, mais elle s'y habituera si tu lui prêtes beaucoup d'attention et qu'elle a quelques vaches ou quelques moutons pour lui tenir compagnie. Bien sûr, les poneys préfèrent rester avec leurs congénères, mais un bon nombre d'entre eux semblent survivre très bien par eux-mêmes. Et puis, si tu es la seule à t'en occuper, je suis presque certaine qu'elle se montrera plus docile.

— Je ne suis pas sûre que mon père m'autorisera à la placer avec les autres animaux. Un jour, il m'a dit que les poneys tombaient malades s'ils mangeaient les granulés qu'on donne aux vaches et aux moutons, parce que leur estomac est différent. À vrai dire, je ne me suis même pas demandé où je la mettrais..., admit Katy d'un air déconfit.

— Et si elle passait l'hiver à Stonyford ? suggéra Melanie. En fait, sa présence me serait utile. Elle pourrait tenir compagnie au poulain de Jessie le temps que je le sèvre cette semaine. Et je serais heureuse de t'offrir le coût de la pension si tu venais travailler quelques heures le week-end ainsi que pendant les vacances de Noël.

— Oh, merci, Melanie, merci ! s'exclama Katy. Ce serait formidable !

Jusqu'à la fin du premier trimestre scolaire, Katy passa chacun de ses moments libres à Stonyford. Elle s'y rendit aussi utile que possible : elle y nettoya les écuries, la sellerie, et aida même dans la maison. En retour, elle prenait des leçons d'équitation sur Jacko, et Cannelle avait un toit.

Cependant, apprivoiser la ponette se révéla bien plus compliqué que Katy ne l'avait envisagé. Pour commencer, mais ce n'était pas une surprise, les êtres humains la terrifiaient. Son sevrage forcé ainsi que le désagréable épisode de la vente aux enchères lui avaient appris qu'il ne fallait pas faire confiance à l'homme. Katy ne parvint même pas à s'approcher d'elle. Le lien spécial qui les avait unies semblait s'être brisé, à moins qu'il n'ait jamais réellement existé.

Katy s'interrogea si elle réussirait à lui passer un licol, sans parler de la monter.

— Si j'étais toi, je lui laisserais le temps de prendre ses marques avant d'essayer de la manipuler. N'oublie pas, Rome ne s'est pas faite en un jour, déclara Melanie un après-midi tandis qu'elles astiquaient le matériel de sellerie.

— C'est une des expressions préférées de maman, expliqua Alice en adressant un sourire à Katy, dont elle avait remarqué l'expression perplexe. Elle signifie que tout gros travail prend du temps, ou quelque chose dans ce genre.

— Pourtant, mon grand-père m'a raconté que, quand il s'occupait encore de dressage, il passait le licol aux poulains juste après leur sevrage. Je l'ai toujours entendu dire qu'il fallait les manipuler le plus tôt possible.

— Demande-lui de te conseiller alors, suggéra Melanie. Je suis persuadée qu'il serait ravi de le faire.

Bien sûr, Katy ne pouvait poser la question puisque son grand-père, ainsi que la mère d'Alice, ignorait qu'elle avait acheté Cannelle. Mais comme elle désirait désespérément son aide, elle allait devoir trouver le moyen de l'obtenir sans trahir son secret.

L'occasion s'en présenta par un dimanche après-midi pluvieux. Katy faisait ses devoirs sur l'ordinateur de la ferme, dans un coin de la cuisine, lorsque son grand-père entra pour se préparer un thé.

— Grand-père, lança-t-elle d'un ton qu'elle voulait détaché, quand tu dressais tes poneys, comment faisais-tu pour qu'ils n'aient pas peur de toi ?

Comme elle s'y attendait, son grand-père lui répondit volontiers.

— C'est un des résultats les plus difficiles à atteindre. Il faut avoir la main, ce qui n'est pas donné à tout le monde, loin de là. Les personnes qui font preuve de trop d'impatience, de nervosité ou d'autoritarisme n'arrivent jamais à rien. Le poney ne doit pas craindre son dresseur ; il doit le respecter. Et l'équilibre n'est pas simple à trouver.

— Comment le trouve-t-on ? s'enquit Katy, intriguée.

— J'y suis toujours parvenu en appliquant ce que mon père m'avait enseigné, lui révéla son grand-père en s'asseyant à la table de la cuisine, les mains plaquées sur sa tasse chaude. D'abord, il faut isoler le poney dans un box, avec un peu de paille, mais sans eau. Tu dois être la seule personne qu'il voit, et la seule qui lui apporte à boire. Au début, il est terrifié chaque fois que tu entres, et il refuse de manger et de boire en ta présence. Mais assez vite, étant donné qu'il s'ennuie et que tu es son unique source de réconfort, il commence à attendre tes visites. Peu à peu, il te laisse l'approcher, jusqu'à ce qu'il te permette de le toucher, mais il faut être patient. Des friandises comme des céréales ou des pommes dans un seau aident à l'attirer, même s'il vaut mieux éviter ce genre de récompenses qu'on distribue à la main, car certains prennent l'habitude de mordre pour se les procurer.

L'idée d'enfermer Cannelle sans eau ni compagnie dans le seul but de l'amadouer déplut à Katy. De toute façon, il n'y avait pas de box individuel libre à Stonyford. La ponette était donc obligée de rester dans le pré, où elle devait en outre tenir compagnie à celle de Jessie, Promesse.

— Tante Rachel a sa propre technique, non ? demanda-t-elle ensuite. Il me semble qu'elle en a déjà parlé.

— Oui, je crois qu'elle appelle cela l'équitation naturelle. Ceux qui se donnent un genre se surnomment les « chuchoteurs ». Apparemment, c'est très à la mode de nos jours. Je suis partagé sur le sujet. Ces prétendus « chuchoteurs » se présentent comme les inventeurs de l'éthologie naturelle, alors que, d'après ce que je peux voir, ils répètent ce que les hommes de cheval pratiquent depuis des générations. En gros, ils ont appris à utiliser le langage corporel que je t'ai décrit un jour. Il est vrai que certains, comme Rachel, en ont fait un art, et obtiennent des résultats impressionnants. En fait, tu devrais lui en parler directement.

Il leva la tête vers Katy pour l'observer à travers ses lunettes embuées.

— Est-ce que tu as une raison particulière de t'intéresser soudain à ces problèmes ?

Katy rougit comme une tomate. Elle avait horreur de mentir, surtout à son grand-père.

— Non, pas vraiment, bredouilla-t-elle.

Dès qu'il eut quitté la cuisine, elle chercha « chuchoteur » sur Internet. Le nombre de sites sur le sujet se révéla considérable et comprenait des publicités pour des cours très onéreux, mais aucun ne lui donna ce dont elle avait besoin : un simple guide lui expliquant pas à pas comment apprivoiser Cannelle.

Ce soir-là, allongée dans son lit, Katy écouta le vent qui s'engouffrait sous les ardoises du toit et s'interrogea sur la façon dont elle pourrait rassurer sa ponette. « Si je demande à Rachel comment elle s'y prend, songea-t-elle, elle se posera certainement des questions. »

Son esprit somnolent revit le jour où, à peine née, la ponette s'était spontanément approchée d'elle... Son geste lui avait paru si normal... son amitié avec Alice lui avait semblé si simple, dès leur première rencontre... et monter Jacko si naturel, dès la première leçon. « Katy, sois confiante, se dit-elle dans son demi-sommeil. Fais ce que tu crois être juste. »

À compter de ce jour, elle obéit à son instinct et agit avec Cannelle en conséquence. À sa propre surprise, la plupart du temps, ses décisions parurent adéquates. Lorsque ce n'était pas le cas, Alice ne manquait jamais de lui remonter le moral.

— N'oublie pas : Rome ne s'est pas faite en un jour ! lui déclarait son amie, et toutes deux éclataient de rire.

Elles finirent par utiliser ce dicton si souvent qu'il devint pour elles une sorte de devise.

Les deux premières semaines, Katy passa le peu de temps de clarté dont elle disposait après l'école et quelques heures de plus les week-ends, dans le pré avec Cannelle. Elle feignit à dessein de ne pas y prêter attention. Soit elle se promenait sans but précis, soit elle consacrait tout son temps à Promesse, qui, elle, avait l'habitude d'être manipulée depuis sa naissance et se montrait très affectueuse. Comme Katy l'avait espéré, son petit jeu intrigua la ponette, qui finit par s'aventurer un peu plus près, surtout lorsqu'elle se rendit compte à quel point Promesse appréciait la compagnie humaine.

Par un jeudi soir froid et pluvieux de la mi-novembre, un merveilleux événement eut lieu. Katy venait d'enrouler ses bras autour de l'encolure de Promesse pour lui dire au revoir par-dessus la barrière, lorsque quelque chose lui effleura les mains. Elle sentit un souffle chaud sur sa peau, puis le doux bout du nez de Cannelle. Elle avait établi le contact avec sa ponette ! Non, mieux encore, sa ponette avait établi le contact avec elle !

Dès lors, Katy réussit à caresser Cannelle chaque jour, parfois brièvement, parfois plus longtemps. Cependant, c'était à elle de s'adapter : la ponette venait lorsqu'elle le souhaitait, restait ou repartait selon ses envies. Katy savait que la prochaine étape serait de lui passer le licol, ce qui était plus vite dit que fait.

Deux fois par jour, les ponettes recevaient un seau de granulés, ce qui donna à Katy une idée. Elle attendit le week-end, de sorte à avoir assez de temps, puis décida de tenter une expérience.

Armée de deux seaux et d'un licol, elle entra dans le pré. Elle avait autour de la taille une longe équipée à une extrémité d'un mousqueton. Désormais accoutumées au fait que les récipients annonçaient le repas, Cannelle et Promesse s'approchèrent au petit galop.

Cannelle, qui était particulièrement avide, plongea immédiatement le nez dans l'un des seaux, sans se rendre compte qu'elle venait de passer la tête dans un licol.

Avec des gestes doux et lents, Katy remonta la têtière derrière les oreilles de la ponette et attacha la boucle.

Apparemment inconsciente de ce qui l'attendait, Cannelle continua de mastiquer comme si de rien n'était.

« J'ai réussi ! » s'exclama Katy intérieurement tout en résistant à son envie de sauter de joie sur place.

Comment se faisait-il que ce qu'on pensait difficile se révélait simple, et inversement ?

Maintenant sûre d'elle, Katy détacha la longe enroulée à sa taille, puis, à tâtons, chercha dans le seau l'anneau d'attache situé sous la muserolle. Clic !

Le bruit fit sursauter Cannelle, qui redressa l'encolure d'un coup et si vite que le seau s'envola de son nez et vint se planter sur sa tête, pareil à un casque, tandis que le reste des granulés en tombait en cascade. Aveuglée et terrifiée, la ponette pirouetta brusquement. Katy lâcha la longe et Cannelle s'éloigna au grand galop vers le centre du pré. Promesse, stimulée par ce qu'elle pensait être un jeu très attrayant, s'élança à sa poursuite en décochant des ruades et en caracolant d'enthousiasme.

Pétrifiée, Katy les observa en se demandant lequel de plusieurs désastres possibles se produirait en premier. Les deux ponettes allaient se blesser grièvement, c'était certain, et la faute lui incomberait.

Malgré l'inutilité probable de son geste, elle leur cria de loin :

— Oh ! Du calme ! Revenez ! Oh ! Oh !

Étonnamment, Cannelle ralentit et poursuivit son chemin au trot allongé, non sans agiter la tête de tous côtés. Elle essayait de s'orienter, gênée par le seau sur ses yeux et la longe qui traînait à terre derrière elle.

« Ce serait drôle si la situation n'était pas aussi sérieuse », songea Katy.

— Du calme, Cannelle, du calme ! lança-t-elle à nouveau, d'une voix peu assurée, en tâchant de prendre un ton apaisant.

Cette fois, la ponette passa au pas avant de revenir vers Katy. Frissonnante, celle-ci se figea. De son côté, Promesse, qui ne voulait pas que le jeu s'arrête, poursuivit sa course tout autour du pré.

Une fois que Cannelle l'eut rejointe, Katy souleva lentement le seau tout en murmurant sans discontinuer jusqu'à ce qu'elle l'eût retiré. La ponette renâcla et fit un bond en arrière. Soulagée, Katy alla poser le seau de l'autre côté de la clôture. Au moment où elle se retournait, elle se rendit compte que la ponette l'avait suivie !

« Est-ce qu'elle pense qu'il reste de la nourriture dans le seau ? » se demanda-t-elle.

Elle attrapa la longe délicatement et se dirigea vers le portail. Cannelle lui emboîta le pas. Une fois arrivée, elle la détacha, la caressa, et sortit. Le menton posé sur la barre supérieure, la ponette l'observa sans bouger. Katy gratta de nouveau son encolure duveteuse et murmura :

— Petite fofolle, va. C'est une chance que j'aie été là pour te sauver de ce faux chapeau, pas vrai ?

Elle sourit.

— Bizarrement, j'ai l'impression qu'on a bâti un petit morceau de Rome aujourd'hui, toi et moi, reprit-elle. Qu'est-ce que tu en penses ?

Lorsque les vacances de Noël arrivèrent, Cannelle avait appris à venir jusqu'au portail lorsqu'on l'appelait, à se laisser guider à la longe sans grande difficulté et à donner le pied si nécessaire. En outre, elle adorait désormais être pansée.

— Tu as fait des miracles avec cette ponette, lui dit un jour Melanie, alors que Katy menait Cannelle dans la cour de l'écurie, suivie d'Alice, qui tenait Promesse à la longe. Les méthodes de dressage de ton grand-père sont efficaces.

— Oh, mais je n'ai pas suivi ses recommandations, répondit Katy.

— Ah bon ? s'étonna Melanie. Et quelle méthode as-tu employée ?

— Celle de « Rome ne s'est pas faite en un jour », répliqua Alice à la place de son amie.

Toutes trois éclatèrent de rire.

Alors qu'elles relâchaient les deux poneys dans le pré, Katy déclara à Alice :

— Est-ce que ce ne serait pas formidable s'ils pouvaient communiquer comme les êtres humains ? On n'aurait plus besoin d'intervenir. Il suffirait d'en mettre un à apprivoiser, comme Cannelle, avec un autre qui le serait déjà, comme Mistigri, et le dressage se ferait tout seul.

— Hum... À moins que l'un ne montre à l'autre comment faire de grosses bêtises... Comment désarçonner son cavalier, par exemple !

— C'est vrai, je n'y avais pas pensé, concéda Katy.

Comme pour corroborer les propos d'Alice, Cannelle et Promesse s'élancèrent dans le pré au grand galop en bondissant et en poussant de petits hennissements perçants.

Les deux amies les regardèrent s'éloigner en riant.

Par un jour clair et ensoleillé, juste avant Noël, Katy, Melanie et Alice partirent en balade sur Jacko, Max et Bella. Le premier, caracolant comme un élégant cheval de course miniature, s'engagea à la suite de Max sur la voie pentue qui reliait Stonyford au terrain communal. Les trois chevaux allaient d'un pas vif et enlevé et le martèlement de leurs sabots sur le goudron retentit dans l'air immobile.

Les oreilles pointées vers l'avant, sa crinière baie joliment coupée se soulevant au rythme de ses foulées, Jacko talonnait fièrement Max. Son amour de la vie emplit Katy d'une joie renouvelée, et elle ne put s'empêcher de sourire.

Au sommet de la colline, Melanie ramena Max au pas avant de l'arrêter devant le portail du terrain communal.

— Katy, lança-t-elle alors, veux-tu essayer de traverser le terrain ? Ce serait l'occasion de voir comment tu t'en sors.

Vibrante d'enthousiasme, Katy s'exclama :

— Oh, oui, s'il vous plaît !

Elles entrèrent l'une après l'autre et refermèrent le portail derrière elles. Katy, qui s'était préparée à ce que Jacko, dans son excitation, s'emballe dès qu'il toucherait la lande du sabot, fut surprise de voir son humeur rester égale.

— Par là, leur indiqua Melanie.

Alice et Katy la suivirent au pas le long d'un sentier emprunté par les moutons, qui descendait dans une vallée peu profonde avant de remonter vers un large plateau tapissé de bruyère. Là, Melanie fit passer Max au trot.

Tandis qu'Alice accélérait afin de se mettre au niveau de Katy, celle-ci sentit Jacko tirer sur son mors. Il n'avait aucune intention de se laisser devancer. Alice adressa à son amie un sourire d'encouragement.

Melanie se tourna alors brièvement, leur fit un signe et lança Max au galop. Les deux filles l'imitèrent aussitôt et, très vite, Katy eut l'impression que Jacko ne touchait plus le sol. Spontanément, elle se pencha en avant et posa les mains sur l'encolure brillante du poney. Sa bouche ouverte s'emplit d'air froid, sa vue se troubla. Elle ne vit plus bientôt que le moulinet puissant et régulier des antérieurs de Jacko, mêlé aux mottes de terre marbrée qui fusaient à chacune de ses foulées.

« C'est donc ça, le grand galop ! s'enthousiasma Katy. Je suis sûre que d'autres chevaux vont encore plus vite. »

Étrangement, elle n'éprouvait aucune peur. Elle se sentait en parfaite harmonie avec sa monture, comme s'ils ne faisaient plus qu'un, partageaient les mêmes pensées et les mêmes désirs d'action.

« Vive la vie ! C'est comme ça qu'elle doit être ! » songea Katy tandis que les trois poneys continuaient d'arpenter la lande dans un roulement de sabots.

Au bout d'un moment, bien trop tôt au goût de Katy, Max ralentit. Jacko et Bella s'ébrouèrent avant de repasser au pas, côte à côte, leur robe fumante de transpiration.

— Ça va ? s'enquit Melanie.

— Mieux que bien ! lui répondit Katy. Jacko est incroyable ! C'est le meilleur de tous les poneys !

— C'est vrai qu'il est formidable, acquiesça la mère d'Alice. En fait, je crains qu'il ne soit trop performant pour de simples randonnées à Stonyford. Il mérite mieux. Ce dont il a besoin, c'est d'une maison accueillante, bien informée sur les poneys, et qui lui offre des défis qui lui permettront d'utiliser son potentiel. Je pense le garder jusqu'à Pâques. Ensuite, je mettrai une annonce. Les poneys se vendent toujours mieux au printemps.

Katy aurait voulu hurler : « Non ! Vous n'avez pas le droit ! Je ferai tout ce que vous voulez, mais s'il vous plaît, ne le vendez pas ! »

Bien sûr, elle se tut, même si ses cris de protestation continuèrent de résonner longtemps en elle après ce jour-là.

Chapitre 8
Secrets

Katy avait réellement l'intention de parler de Cannelle à sa famille, mais elle ne trouvait jamais le bon moment. Et plus le temps passait, plus il lui parut difficile de leur en parler.

Pour compliquer encore la situation, Melanie pensait toujours que les parents de Katy étaient au courant de son achat. Or, seule Alice connaissait son secret, et les deux amies conversèrent souvent sur la meilleure façon d'avouer la vérité.

***

Le grand-père de Katy précipita le dénouement.

Par un froid matin de février, il entra dans la cour gelée du Centre de randonnée équestre de Stonyford. Il gara sa voiture, en descendit et serra la main de Melanie.

— Bonjour, quelle belle journée ! lui dit-il.

— Oui, c'est un temps magnifique, répondit la mère d'Alice. Espérons qu'il durera deux semaines au moins, ça permettrait de sécher un peu les sols. Et ce serait bien, car je veux faire mettre un nouveau revêtement dans la carrière.

— Je vois que vous avez une Exmoor, s'étonna le grand-père de Katy qui venait de remarquer Cannelle en train de paître avec Promesse dans le pré. De quel troupeau vient-elle ? Elle ressemble à l'une des nôtres, mais elle n'a pas de marquage, si ?

— C'est l'une des vôtres, répondit Melanie. C'est la ponette de Katy, Cannelle.

— Pardon ? Notre Katy ?

— Oui, bredouilla Melanie en regardant le vieil homme d'un air perplexe.

Perdait-il la mémoire ?

— Elle l'a achetée aux enchères de Brendon à l'automne dernier, précisa-t-elle. Vous savez, c'est celle qui n'a pas passé l'inspection.

— Phil et Sally n'étaient pas au courant, et moi non plus ! s'exclama le grand-père de Katy. Eh bien, ma petite-fille est un drôle de canasson ! reprit-il avec un large sourire. Je comprends maintenant pourquoi elle s'est soudain intéressée au dressage des poneys. Je venais ici pour lui faire une surprise, et c'est elle qui m'en fait une !

— Êtes-vous en train de me dire qu'elle ne vous a jamais prévenus de son achat ? s'inquiéta Melanie. Je suis vraiment désolée ! Je pensais que vous le saviez ! Remarquez, maintenant que j'y réfléchis, elle ne m'a jamais confirmé que c'était le cas.

— Vous n'avez aucun besoin de vous excuser, la rassura le grand-père de Katy. En réalité, je suis assez fier de découvrir qu'elle s'est battue pour ce qu'elle estimait être une juste cause. Cette petite est une vraie Squires. En tout état de cause, vous semblez avoir bien réussi à apprivoiser cette demoiselle, ajouta-t-il en caressant Cannelle par-dessus le portail.

— Oh, mais je n'ai rien fait de tel, rectifia Melanie. C'est Katy qui s'en est occupée. Elle a passé des heures avec cette ponette. Elle en est littéralement folle. Et visiblement, Cannelle le lui rend bien. Elles ont l'air unies par un lien spécial.

— C'est peut-être dû au fait que Katy l'a découverte juste après sa naissance. Lorsque la relation se met en place dans les premières heures de la vie du poulain, cela crée ce qu'ils appellent une empreinte, je crois.

— Le fait qu'elle ait échappé au fer a certainement contribué à sa plus grande confiance en l'homme. Pour ma part, je suis assez opposée au marquage.

— Vous n'êtes pas la seule. Cela dit, l'expérience m'a montré que les poneys oublient très vite ce mauvais moment.

— Peut-être, mais à présent que les implants de puces sont obligatoires pour tous les poulains, il va devenir caduc, non ?

— Pas nécessairement, puisqu'il faut toujours pouvoir s'approcher du poney pour voir sa marque, ce qui n'est pas facile avec les animaux sauvages, et que les Exmoors n'ont pas de particularité qui les différencient.

— Je comprends mieux désormais. Quels sont les symboles utilisés ?

— L'étoile sur l'épaule est l'emblème de la Société des éleveurs d'Exmoor. Dessous est inscrit le numéro du troupeau, et sur la croupe, la référence personnelle du poney. Seuls les descendants de la lignée Anchor ont une véritable ancre comme symbole.

— Merci, j'ai appris beaucoup de choses aujourd'hui ! conclut Melanie.

— Moi aussi ! renchérit le grand-père de Katy en tournant la tête vers Cannelle. Mais maintenant, j'aimerais bien parler de poneys que Katy pourrait monter dès cette année. Est-ce que vous en auriez un à l'esprit qui lui conviendrait ?

— Vous n'allez pas me croire, mais je pense avoir l'animal qu'il vous faut.

Le grand-père de Katy sourit intérieurement – Melanie avait répondu comme n'importe quel bon vendeur le ferait.

Quelques heures plus tard, après avoir inspecté le poney et l'avoir vu monté, il dut admettre que Melanie n'avait pas menti. Avec Jacko, Katy serait parée pour des années de plaisir. La seule ombre au tableau était le prix. Il lui faudrait puiser dans ses économies, mais le jeu en valait la chandelle. Il ne voulait pas offrir à Katy un poney de moindre qualité ; il souhaitait qu'elle ait le meilleur qu'il puisse se permettre de lui offrir, autrement dit un animal dont elle serait fière.

— Est-ce que je pourrais vous proposer un marché ? dit-il alors à Melanie.

Chapitre 9
Un anniversaire enchanté

Le cadeau d'anniversaire de Katy fut un secret bien gardé. Seuls les membres de sa famille et Melanie en connaissaient la nature.

Katy, elle, était dans tous ses états. Plus les vacances de Pâques approchaient, plus son inquiétude grandissait. Melanie avait désormais à Stonyford trop de chevaux et de poneys, qu'ils soient destinés à la randonnée, aux leçons d'équitation ou à la vente, et Katy avait accepté de ramener Cannelle à Barton après la période d'agnelage.

Mais comment annoncer la nouvelle à ses parents ? L'autoriseraient-ils à garder la ponette ? Et dans ce cas,

Cannelle ne souffrirait-elle pas d'être seule ? Toutes ces questions obsédaient Katy.

Son autre grande peur était que Jacko soit acheté et qu'elle ne le revoie plus jamais. Les poneys comme lui étaient très prisés, et Melanie l'avait avertie pendant les vacances de Noël qu'elle le vendrait au printemps – à une maison accueillante, bien informée sur les chevaux, et qui lui offrirait des défis lui permettant d'utiliser la totalité de son potentiel, avait-elle précisé.

Avec de tels critères, Katy savait qu'elle ne pourrait jamais en devenir la propriétaire, même si elle disposait de l'argent nécessaire pour l'acheter, ce qui n'était pas le cas.

Elle avait l'horrible sentiment que le temps la précipitait à vive allure vers un mur de brique, de l'autre côté duquel elle vivrait sans Cannelle ni Jacko.

Autant n'y avait-il rien qu'elle puisse faire au sujet de ce dernier, autant allait-elle devoir s'efforcer de trouver un moyen pour garder la première. Elle se promit de révéler son secret à ses parents le jour de son anniversaire. Ils se montreraient peut-être plus compréhensifs.

Le matin de cette fameuse journée, Katy s'éveilla emplie de crainte plus que de joie. Elle resta au lit une éternité, le temps d'affûter son discours. Pendant la période de l'agnelage, sa mère ne prenait pas de clients car elle était trop occupée, mais elle continuait de servir un petit déjeuner complet à neuf heures précises. Ainsi, tout le monde pouvait prendre des forces : son mari pour se remettre de son service de nuit, ses enfants pour se préparer à la journée à venir. Katy avait donc décidé qu'elle parlerait de Cannelle à ce moment-là.

Une odeur de bacon flotta jusque dans sa chambre, accompagnée par du bruit et des rires inhabituels en provenance du rez-de-chaussée. Les petits déjeuners durant l'agnelage n'étaient habituellement pas le lieu de conversations pleines d'esprit. Peut-être un voisin avait-il décidé de leur rendre une visite impromptue et tout le monde essayait-il de faire des efforts.

À contrecœur, Katy se tira de son lit. Alors qu'elle se dirigeait dans le couloir vers la salle de bains, elle reconnut avec certitude la voix de tante Rachel, suivie par celle de son grand-père, et d'éclats de rire renouvelés. Comme c'était étrange ! Elle repartit à pas feutrés vers sa chambre, soudain saisie par une affreuse pensée : elle allait devoir avouer la vérité au sujet de Cannelle à son grand-père et à sa tante aussi !

Elle s'habilla le plus lentement possible avant de descendre l'escalier sur la pointe des pieds. L'odeur de friture, qu'elle trouvait irrésistible les autres jours, lui tourna l'estomac, mais elle entra malgré tout dans la cuisine. Tout le monde se tut.

— Bon anniversaire, ma chérie, lui dit sa mère. Ça fait du bien de faire la grasse matinée ?

— Tu avais besoin de te refaire une beauté ? la taquina Tom, recevant pour toute réponse de sa sœur un coup de poing à l'épaule.

— Allons, allons ! Un peu de tenue, les tança leur mère.

Au même moment, leur père sortit de sous la table un paquet volumineux, emballé dans du papier kraft et dont la forme ressemblait à celle d'un seau.

— Bon anniversaire, Katy, de la part de ta mère et de moi.

Perplexe, Katy ouvrit son cadeau. C'était bel et bien un seau, sauf qu'il était rempli à ras bord de tous les accessoires nécessaires pour réaliser un bon pansage.

— Oh, merci ! Il y a tout ce qu'il faut ! s'exclama Katy, qui avait entrepris de poser les articles un à un sur la table de la cuisine. Même des élastiques à crinière ? ajouta-t-elle, non sans remarquer avec mélancolie qu'ils étaient marron foncé, la couleur de Jacko.

C'était maintenant ou jamais...

— Hum..., reprit-elle, il y a quelque chose que je veux...

— Nous savons tous ce que tu veux, jeune fille ! l'interrompit son grand-père. Va voir dehors.

Comme elle avait commencé, Katy tenta de poursuivre :

— Grand-père, tu ne comprends pas...

Cette fois, c'est Tom qui la coupa.

— Viens, sinon on va tous exploser à force de garder le secret, lança-t-il.

Il s'approcha de sa sœur, la prit par la main et la tira vers la porte d'entrée.

— Mais c'est moi qui ai un secret à vous confier ! s'emporta Katy. J'ai... j'ai acheté Cannelle à...

— Oublie, lui dit Tom. Grand-père nous a prévenus il y a des semaines !

— Quoi ? Mais...

Tom ouvrit la porte d'un grand geste du bras.

— Cannelle ? Jacko ? suffoqua Katy.

Avait-elle rêvé qu'elle descendait dans la cuisine ? Dormait-elle toujours ? Assurément. Ce n'était pas Melanie ni Alice qu'elle voyait debout devant la maison, chacune tenant un poney par le licol. Pourtant, Cannelle et Jacko semblaient bien réels, et ravis de se trouver là.

— Il t'en a fallu du temps ! s'écria Alice. On commençait à avoir froid !

Là-dessus, tout le monde entonna un vibrant *Joyeux anniversaire.*

Katy se frotta les yeux ; elle s'attendait toujours à se réveiller à tout instant. Que se passait-il donc ? Était-ce un poisson d'avril ?

Une fois la chanson terminée, le grand-père de Katy prit la longe avec laquelle Alice tenait Jacko, et la tendit à sa petite-fille.

— C'est pour toi, Katy, lui dit-il. Ton cadeau de Noël et d'anniversaire, de la part de ta grand-mère et de moi-même, pour les dix années à venir !

— Les licols sont de maman et de moi, ajouta Alice avec enthousiasme. Celui de Cannelle est un peu grand pour l'instant, mais elle le remplira bientôt. Ils sont en cuir véritable, et ils ont coûté très cher... remarque, pas autant que Jacko. Lui valait une fortune.

— Alice ! s'offusqua sa mère sous une vague de rire général.

De peur de fondre en larmes, Katy se retint de parler. Elle se contenta d'étreindre chaque personne à tour de rôle, sans oublier les deux poneys. Elle n'aurait jamais pensé que pareil bonheur fût possible.

Chapitre 10
Dernière chance

La vie offre parfois des moments mémorables. Le premier été que Katy passa avec Cannelle et Jacko en fut un.

Rachel avait offert à sa nièce comme cadeau d'anniversaire un abonnement au poney-club local, et le calendrier accroché dans la cuisine de la ferme de Barton fut bientôt noirci d'événements à ne pas manquer : rallyes, balades, randonnées, pour n'en citer que quelques-uns.

Avant de commencer, Katy avait redouté que les membres déjà inscrits se révèlent bien meilleurs cavaliers qu'elle. Alice, Claire et certaines filles l'étaient en effet, mais beaucoup d'autres, pas du tout. En outre, connaître Alice avait donné à Katy une telle confiance en elle qu'elle se liait plus facilement, et elle ne s'inquiéta donc pas de faire partie d'un groupe différent de son amie.

Jacko aussi la gonflait d'assurance. Il était impertinent et drôle, patient et doux, et il lui en avait appris sur l'équitation plus que n'importe quel moniteur aurait jamais réussi à le faire. D'ailleurs, tout le monde l'adorait.

Lorsque la fin de l'été arriva, Katy se demanda comment elle survivrait aux heures qu'elle serait obligée de passer loin de ses poneys, tant sa nouvelle vie tournait autour d'eux.

Ses vacances de rêve avaient été ponctuées par un autre événement marquant : son grand-père l'avait emmenée au Concours hippique d'Exford, où il devait officier comme juge pour certaines épreuves de poneys. Alice et Melanie y concouraient dans diverses catégories ; tante Rachel y présentait un *hunter* de son écurie. Aussi Katy eut-elle beaucoup à voir et à faire. Sans compter que, grâce à son grand-père, et pour son plus grand bonheur, on la traita comme une VIP dans la tente occupée par la Société des éleveurs de poneys exmoor. Elle ne put s'empêcher d'admirer tous les coupes et flots exposés sur la table des trophées, tout en se demandant si un jour Cannelle serait capable d'en gagner.

À la ferme, cet été-là fut aussi celui où Katy fit de nombreuses balades avec son grand-père. Lui conduisait le quad ; elle montait Jacko. Elle découvrit en sa compagnie tout un monde qu'elle ne connaissait pas.

— Tu as remarqué ces cerfs là-bas ?

— Non, où ça ?

— Ouvre les yeux, jeune fille, concentre-toi. Est-ce que tu vois les buissons épineux de l'autre côté du ruisseau ? Il s'y trouve au moins six mâles. Regarde, le soleil se reflète sur leurs ramures.

— Oh, ça y est, je les vois ! Pourquoi est-ce que je ne les ai pas aperçus tout de suite ?

— On n'apprend plus aux jeunes à observer de nos jours, voilà pourquoi. Si tu mémorises la topologie exacte du paysage, tu seras capable d'y remarquer le moindre changement. Avec un peu d'entraînement, tu finiras par le faire naturellement. À mon avis, ce cerf à flanc de colline est un dix-cors.

— Un quoi ?

— Un dix-cors. Autrement dit, il a cinq pointes sur chaque perche. Cela se produit en général vers l'âge de cinq ans. Mais plus les cerfs vieillissent, plus ils peuvent avoir de pointes, et de tailles diverses.

— Je croyais qu'on parlait de bois.

— Ici, dans la région d'Exmoor, on parle de cors. Pour se distinguer, sans doute, plaisanta le vieil homme avec un sourire. Chaque cerf a des bois différents, un peu comme nous, les êtres humains, avons nos propres empreintes digitales. Sauf que, tous les ans, les cerfs les perdent et que de nouveaux repoussent, mais un peu plus grands chaque fois, et souvent, de façon irrégulière, comme c'est le cas de celui que tu vois. À mon avis, il a en fait sept ans et il approche la force de l'âge.

— Est-ce que tu pourrais m'apprendre le nom des différents cors, grand-père ?

— Quand nous serons rentrés, je te ferai un dessin. C'est la meilleure façon d'expliquer. En tout cas, jeune fille, tes rênes sont trop courtes à nouveau, tu ne trouves pas ? Oublie tout ce qu'on t'apprend au club sur la nécessité de tenir ton poney en main, si c'est l'expression qu'ils emploient. Tu es sur la lande ici, et tu dois lâcher la bride à ta monture. Jacko doit pouvoir baisser la tête pour voir où il va. Laisse-le se détendre, afin qu'il puisse réfléchir. Comme toujours, c'est une question de confiance réciproque. C'est un poney généreux et sensible, et si tu lui permets de trouver les solutions lui-même au lieu de le harceler, c'est lui qui s'occupera de toi.

Katy ne savait plus sur quel pied danser. Chacun avait ses propres règles, et estimait avoir raison. Sa jeune monitrice au club lui reprochait constamment de garder ses rênes trop longues, alors que pour Melanie, elles ne l'étaient pas assez. Quant à son grand-père, il semblait suggérer qu'elles ne devaient être utilisées qu'en cas d'urgence ! Katy lui fit part de ses réflexions.

— Tu as tout à fait raison, s'esclaffa-t-il. Il existe autant de façons de monter un cheval qu'il existe de cavaliers. Ce qui fonctionne pour l'un ne fonctionne pas pour un autre, et chacun a ses théories favorites. Je suppose que, tant que ton cheval réagit bien et paraît heureux, peu importe la façon dont tu t'y prends. Je connais plusieurs fermiers d'Exmoor qui ne remporteraient jamais aucun prix de dressage ; et pourtant, ils sont imbattables quand il s'agit de traverser des terrains difficiles, à toute vitesse s'il le faut.

— Je suppose que c'est pareil quand on essaie d'apprivoiser des poulains sauvages. Après tout, beaucoup de méthodes ont été inventées, et certaines fonctionnent mieux que d'autres, mais personne ne peut prétendre avoir découvert la meilleure, n'est-ce pas ? Ça dépend du dresseur et du poney, et de leur sensibilité, non ?

Katy révéla alors à son grand-père que, pour Cannelle, elle avait inauguré la méthode « Rome ne s'est pas faite en un jour ». Il trouva l'intitulé très drôle, et encore plus drôle le récit du jour où la ponette avait fait le tour du pré avec un seau sur la tête.

Katy passait énormément de temps avec Jacko, mais elle prenait soin d'accorder aussi son attention à Cannelle. Elle l'emmenait faire le tour de la ferme à pied pour qu'elle s'habitue aux paysages et aux bruits environnants.

Elle la pansait aussi régulièrement et en profitait chaque fois pour vérifier si sa queue comptait de nouveaux poils blancs, qu'elle arrachait si nécessaire. Elle le fit si souvent qu'à la fin de l'été, la queue de la ponette était très dégarnie à sa base.

— Je me demande si elle ne souffre pas d'une dermatite estivale, lui dit son grand-père un jour.

— Qu'est-ce que c'est, grand-père ?

— Une réaction allergique aux moucherons. Les poneys qui en sont victimes ont des démangeaisons terribles et perdent leurs crins par plaques. Les recherches les plus récentes indiquent que ce serait une maladie héréditaire. Alors, je ne voudrais pas faire saillir une jument qui l'a développée.

— Oh, non ! se lamenta Katy. Est-ce que cela signifie qu'elle pourrait ne pas passer l'inspection ?

— Non, je ne le pense pas. En revanche, un inspecteur risquerait fort de recommander que l'animal ne soit pas pris dans un élevage. C'est une maladie terrible, contre laquelle il n'existe aucun traitement connu, même s'il y a des moyens d'en limiter les effets. Cela dit, je serais étonné que ce soit le problème de Cannelle. Ce troupeau n'a jamais attrapé de dermatite.

Remarque, il y a toujours une première fois, murmura le grand-père de Katy en examinant la ponette. Hum, sa crinière semble en bon état. Je me demande si elle n'est pas plutôt victime d'une arracheuse de crins un peu trop enthousiaste... Tu sais qu'on ne doit toucher ni aux crinières ni aux queues des Exmoors, n'est-ce pas, Katy ? conclut le vieil homme en décochant à sa petite-fille un regard sévère qui lui indiqua sans doute aucun qu'il savait ce qu'elle avait fait.

— Pardon, grand-père. J'avais oublié, confessa-t-elle.

À compter de ce jour, Katy ne toucha plus jamais à la queue de Cannelle, même si elle continua de l'inspecter avec inquiétude. Il lui était si difficile de déterminer ce que les inspecteurs considéreraient comme des crins blancs comparés à des crins de couleur claire. En effet, la crinière et la queue des Exmoors offraient toutes les nuances de bai, de sable à presque noir.

Plus le jour du marquage approchait, plus Katy était obsédée par ce problème.

Cette fois, les inspecteurs avaient pris rendez-vous un samedi, avant les vacances scolaires. L'un d'eux avait la réputation d'être particulièrement strict, notamment en matière de crins blancs. Le grand-père de Katy était très inquiet, mais il n'aurait jamais usé de sa position au sein de la Société des éleveurs d'Exmoors pour demander à ce que Cannelle bénéficie d'un traitement de faveur. Le destin, et les inspecteurs, décideraient de son sort.

Allongée sur son lit, son oreiller serré contre elle, Katy priait. Elle n'avait pu se résoudre à assister à l'inspection. Si Cannelle était acceptée, elle ne voulait pas voir la séance de marquage ; et si elle était refusée... Katy s'efforça de chasser de son esprit cette éventualité. Aussi, elle continua de réciter, encore et encore, toutes les prières que sa grand-mère lui avait apprises, et en inventa elle-même. Elle se promit également, peut-être un peu vite, que si sa chère ponette passait l'inspection, elle serait sage à jamais.

— Jack, voulez-vous commencer par la ponette que nous avons refusée l'an dernier ? s'enquit M. Wright, le secrétaire.

— Oui, bonne idée, acquiesça le grand-père de Katy. Puisqu'elle est habituée au licol, elle sera un peu plus facile à contenir que les autres, ajouta-t-il d'un ton qu'il voulait léger.

Ces inspecteurs se rendaient-ils compte du poids de leur pouvoir ? D'un « oui » ou d'un « non », ils pouvaient modifier le destin d'un poney et de toutes les personnes qui l'aimaient.

— Si je me souviens bien, c'est la queue qui a posé un problème l'an dernier, n'est-ce pas, Jack ? demanda l'inspecteur du nom d'Alan.

Brutalement, le grand-père de Katy perdit pied et répondit d'une voix d'outre-tombe :

— Oui, la queue et les quelques crins de bébé qui s'y trouvaient.

— Jack ? Ça va ? s'inquiéta M. Wright. Vous voulez que j'aille vous chercher une chaise ?

— Non, merci, ça ira.

— Eh bien, en ce cas, voyons cette fameuse queue, poursuivit Alan. Qu'en pensez-vous, Mary ?

Cette femme au visage en lame de couteau nourrissait une réelle passion pour les Exmoors. Elle officiait comme inspecteur depuis des années et avait des opinions très arrêtées dans de nombreux domaines, dont celui des poneys.

— Quelqu'un s'est amusé à arracher des crins à ce que je vois, lança-t-elle en fixant ses yeux de fouine sur le grand-père de Katy. Jack, pouvez-vous m'expliquer ce qui s'est passé ?

Ce dernier se sentit comme un écolier accusé d'une bêtise qu'il n'avait pas commise.

— C'est ma petite-fille, décida-t-il d'avouer. Vous connaissez les gamins qui fréquentent les clubs de poney. Elle est revenue du sien l'esprit bourré de principes à la mode sur l'importance de l'effilage, sans se rendre compte qu'il ne fallait jamais modifier l'apparence des Exmoors. Heureusement, j'ai pu intervenir avant qu'elle ne s'en prenne à la crinière.

À sa surprise, Mary sourit.

— Je comprends, dit-elle. De toute façon, d'après les crins qu'il lui reste, tout a l'air en ordre. Qu'est-ce que vous en pensez, Alan ?

— Je suis d'accord avec vous.

Il fallait du courage pour s'opposer aux décisions de Mary.

— Bien, reprit celle-ci, quels chiffres va-t-on lui attribuer ? Un cinq sur l'épaule pour indiquer le troupeau, bien sûr, mais en ce qui concerne son passeport individuel ?

— Nous nous sommes arrêtés à deux-six-quatre l'an dernier, lui indiqua le grand-père de Katy. Donc, deux-six-cinq ?

Si la décence ne l'en avait pas empêché, il aurait pris cette Mary dans ses bras. Mais une amoureuse des Exmoors qui avait demandé l'autorisation d'assister à l'inspection filmait la scène avec sa caméra.

— Le troupeau de Barton n'a-t-il pas produit plus de deux cent soixante-cinq poneys ? demanda-t-elle soudain.

— Si, et beaucoup plus que cela, confirma le grand-père de Katy. Mais nous sommes repartis de zéro pour éviter des nombres trop longs.

Cannelle fut marquée au fer. C'était désormais une ponette Exmoor dûment enregistrée.

Deux semaines plus tard, au retour de l'école, Katy monta dans sa chambre mettre sa tenue de ferme. Sur son lit se trouvait une enveloppe blanche qui portait en son centre une adresse tapée à la machine, et sur le côté une mention manuscrite à l'encre bleue. Les doigts tremblants, Katy la prit dans ses mains et l'ouvrit. C'était le passeport de Cannelle, envoyé par la Société des éleveurs de poneys exmoor. Dans la fenêtre au verso apparaissaient en lettres imprimées « Cannelle Barton », et juste au-dessous son numéro d'enregistrement « 5/265 ». Merveilleusement formidable et officiel.

Quant à la mention manuscrite, elle disait :

Chère Katy,

Mets ce document en lieu sûr.
Tu en auras besoin lorsque tu participeras à des concours.
Bien affectueusement,

Grand-père

Katy contempla ce passeport pendant une éternité. Puis elle le glissa avec soin sous son oreiller, et descendit annoncer la bonne nouvelle à Cannelle.

— Je sais que tu ne comprends pas à quoi servent ces documents, lui dit-elle tandis que la ponette s'attaquait à une ration surprise de granulés et de pommes coupées qu'elle lui avait apportée pour célébrer l'événement. Mais en gros, ils confirment que tout s'est bien passé, et que tu peux rester ici avec moi et Jacko pour toujours. Oh, que j'aime les histoires qui se terminent bien !

Cannelle sortit la tête du seau et regarda Katy comme pour déclarer :

— Tu crois peut-être que les aventures s'arrêtent ici... Personnellement, je sais qu'elles ne font que commencer.

Note de l'auteur

Mes livres sur Katy et Cannelle s'inspirent beaucoup d'événements et de faits réels. Ainsi, j'habite avec ma famille dans une ferme située sur un coteau de la région d'Exmoor, et nous possédons un troupeau de poneys originaires du lieu. En outre, même si la ferme de Barton est fictive, elle a beaucoup en commun avec ma propre maison. Stonyford est un nom que j'ai inventé, mais les autres villages mentionnés dans l'histoire existent, tout comme Exmoor, qui est un superbe parc national du sud-ouest de l'Angleterre. Oh, et je vais à la vente aux enchères de poneys à Brendon presque chaque année, sauf que, à ce jour, je n'en ai toujours acheté aucun en secret...

Êtres humains ou chevaux, tous les personnages de ce livre, quoique fictifs, sont la somme de mon imagination et de personnes et poneys que j'ai rencontrés au fil de mon existence. Ils prennent forme dans ma tête avant de suivre le cours d'une vie qui leur est propre. C'est à ce moment-là que l'écriture devient réellement passionnante !

De tous les poneys qui m'ont aidée à écrire cette histoire, un cob écossais du nom de Jacko, et deux poneys exmoor baptisés Nipper et Tinkerbell, méritent une mention spéciale.

J'ai vu Nipper pour la première fois juste après sa naissance sur la lande qui surplombe notre ferme. C'était par un après-midi glacial du mois d'avril, et j'étais si inquiète pour lui que je revins lui rendre visite régulièrement. Nipper m'a visiblement fait confiance dès le début, et a vite pris l'habitude de courir vers moi pour recevoir mes caresses, bien que sa mère, elle, se méfie des êtres humains. Nos enfants l'ont appelé Nipper, « Le mordeur », car, lorsque nous lui frottions le dos, il tentait de nous rendre la pareille, comme le font les poneys pour se toiletter les uns les autres, sauf que, malheureusement, Nipper avait de grandes dents ! Toujours est-il que ce sont nos échanges qui m'ont donné l'idée initiale de ce livre.

Jacko, lui, a été mon premier poney, et il était aussi formidable que le Jacko de la présente histoire. C'était un beau cob écossais alezan brûlé, qui est resté celui que j'aurai aimé le plus au monde tout au long de ma jeunesse.

Tinkerbell, qui vit toujours à la ferme avec nous, était la ponette de notre fille Sarah. Toutes deux étaient si jeunes. C'est Tinkerbell qui a enseigné à notre fille, entre autres choses, l'importance du courage, ainsi que d'un bon tapis sous la selle. Je me suis beaucoup inspirée d'elles deux pour les personnages de Katy et Cannelle. Le troupeau d'Exmoors en semi-liberté que nous élevons sur la lande au-dessus de notre ferme m'a également fourni de nombreuses idées.

Au cours des années, j'ai manipulé plusieurs de nos poneys, encore sauvages, tout juste sevrés et sortis de la lande. J'ai beaucoup appris de ces animaux, ainsi que d'une chercheuse éthologue du nom de Vanessa Bee. Toutes les erreurs que commet Katy, lorsqu'elle s'occupe de Cannelle, je les ai commises moi-même, à ceci près que c'est un seau d'eau et non de granulés que mon poney a reçu sur la tête ! J'ai moi-même utilisé la méthode « romaine » de Katy pour apprivoiser des poulains sauvages pendant des années ; puis j'ai découvert l'éthologie, qui facilite énormément la communication avec les poneys.

Il est difficile de mentionner des personnes en particulier, car on a toujours peur d'en oublier, mais les amis qui m'ont particulièrement aidée et encouragée sont Marcia Monbleau, Sally Chapman-Walker, Sue Baker et Sue Croft, ainsi que, bien sûr, ma mère.

Par-dessus tout, je salue et remercie Chris, mon mari, si patient et si compréhensif, ainsi que nos enfants, George et Sarah. Chris m'a soutenue de maintes façons, y compris lorsqu'il s'est agi de me fournir les illustrations de ce livre.

Enfin, et non des moindres, je remercie Fiona Kennedy, Felicity Johnston et l'équipe d'Orion pour leurs conseils précieux et leur travail acharné.

Victoria Eveleigh
North Devon
Septembre 2011

Les poneys exmoor

Les poneys exmoor, ou « les Exmoors » comme on les appelle souvent, sont une race très spéciale. Ce sont les seuls nés dans la région à présenter les mêmes caractéristiques que le poney British Hill venu des îles Britanniques il y a environ cent trente mille années. Cette hypothèse est soutenue par diverses études réalisées sur les os, les dents et le matériel génétique des Exmoors.

Pourquoi ces derniers ont-ils survécu comme les a créés la nature, alors que d'autres races ont été modifiées par l'homme, reste un mystère. Historiquement, Exmoor était une région sauvage et peu peuplée, utilisée comme forêt royale et terrain de chasse. Aucune route commerciale significative ne la traversait, et aucune ville importante ne se trouvait à proximité. En conséquence, l'Exmoor n'eut que peu de contact avec le reste de la Grande-Bretagne et les poneys sauvages qui y vivaient conservèrent leurs caractéristiques.

En 1818, la forêt fut vendue à un industriel du nom de John Knight. Plusieurs fermiers locaux achetèrent quelques-uns de ces poneys sauvages et commencèrent leur propre élevage. Parmi eux se trouvait l'ancien gardien de la forêt, Sir Thomas Acland. Il fonda le troupeau Acland, appelé maintenant le troupeau Anchor, qu'on peut voir sur la colline Winsford.

La Société des éleveurs de poneys exmoor fut fondée en 1921, dans le but de préserver la pureté de la race.

Durant la Deuxième Guerre mondiale, le manque de nourriture entraîna le vol de nombreux poneys, et leur reproduction déclina. Au bout du compte, il ne resta à Exmoor que quarante-six juments et quatre étalons. Une remarquable habitante du lieu, Mary Etherington, encouragea certains fermiers à reformer leurs troupeaux pour sauver cette race, déclarée menacée par la Fondation pour la survie des races rares.

Les poneys exmoor redonnent vie à l'histoire. Il nous appartient à tous de leur assurer un avenir.

Si vous souhaitez en savoir davantage sur les poneys exmoor, notre Société d'éleveurs dispose d'un très bon site Internet – www.exmoorponysociety.org.uk – qui comporte pléthore d'informations et de détails sur des poneys à vendre ou à louer. Le nom de notre secrétaire est Sue McGeever, et son numéro de téléphone est le 0044-1884-839930.

Une visite dans notre région n'est pas complète sans un petit tour au Centre du poney, près de Dulverton. C'est le siège de la Fondation Moorland Mousie, œuvre de bienfaisance dédiée au bien-être et à la promotion des poneys exmoor. L'accès aux poneys eux-mêmes, et à la boutique qui leur est dédiée, est gratuit, mais il est également possible de réserver des séances de manipulation pour débutants, ou des randonnées sur la lande pour les plus expérimentés. Si vous souhaitez plus de détails, merci de vous reporter au site Web – www.exmoorponysociety.org.uk – ou d'appeler le 0044-1398-323093. Enfin, la fondation dirige un programme d'adoption des poneys – à défaut de pouvoir en acheter un !

Chapitre 1
Deux ans après

C'était une soirée d'hiver typique, froide sans être glaciale, où il pleuvotait sans vraiment pleuvoir. Katy Squires bavardait avec Alice, sa meilleure amie, dans la vieille étable reconvertie en écurie de la ferme de Barton. Adossées au mur, elles regardaient ses deux poneys manger leur fourrage.

Jacko avait dix ans et faisait un mètre quarante-deux au garrot. Ce hongre alezan brûlé était un charmant mélange de douceur et de fiabilité. Katy s'en était entichée dès la première fois où elle l'avait monté et son grand-père lui avait fait la surprise de le lui acheter pour son anniversaire.

Cannelle, elle, était née sur la lande qui surplombait la ferme le jour de l'anniversaire de Katy, près de trois ans plus tôt, et avait depuis été inscrite au registre des poneys exmoors. Il était difficile de croire que la ponette solide et sûre d'elle qui mastiquait son foin sans se soucier le moins du monde de ce qui se passait autour d'elle était, encore assez récemment, une timide pouliche sauvage.

Jacko et Cannelle vivaient à Barton depuis deux ans maintenant, et Katy ne pouvait imaginer une vie sans eux. Elle regarda ses deux poneys, huma la merveilleuse odeur de l'écurie, et sentit un bonheur parfait l'envelopper comme une chaude couverture.

— Tu as remarqué l'épaisseur du manteau d'hiver de Cannelle ? dit-elle à son amie. Elle ressemble à un animal en peluche grandeur nature, tu ne trouves pas ?

Cannelle, sentant qu'elle était devenue le centre de l'attention, s'approcha de Katy pour enfouir son nez dans sa veste.

— Attention, Cannelle ! s'esclaffa Alice. Si tu es trop affectueuse, ta maîtresse risque de te donner en prix ce soir et tu finiras comme l'énorme ours en peluche que ma mère a gagné à la loterie du réveillon l'année dernière !

Katy recouvrit les oreilles duveteuses de Cannelle de ses deux mains.

— N'écoute pas cette bêtasse de tante Alice, lui dit-elle.

— Dommage, Cannelle, reprit Alice. Tu vas devoir passer la nuit ici et te contenter de la compagnie de Jacko pour fêter la nouvelle année. Est-ce que tu as rédigé une liste de résolutions ? ajouta-t-elle à l'intention de Katy.

— Il faudrait sans doute que j'y réfléchisse, répondit celle-ci. J'aimerais ne plus adorer le chocolat, gagner beaucoup de flots, et que Cannelle devienne une championne de compétition exmoor, bien sûr.

— Ce sont des résolutions ou des souhaits ? Parce qu'une résolution, c'est une action qu'on entreprend, pas un vœu.

Katy décocha un petit coup de poing dans le bras de son amie.

— Oh, Alice Gardner Je-sais-tout, tu me fatigues ! s'exclama-t-elle. J'admets qu'il y a un peu des deux. Et toi, quelles sont tes résolutions ?

— Ma résolution, c'est d'essayer d'être gentille avec mes horreurs de frères jumeaux, et mon souhait, de rester heureuse quand on changera d'école après l'été.

— Si j'étais toi, je ne m'inquiéterais pas. On va toutes se retrouver dans la même, donc on ne sera pas isolées. Tout ira bien.

— En fait, Katy... j'ai quelque chose à te dire, murmura Alice.

Katy ne se méfia absolument pas.

— D'accord, mais fais vite. C'est l'heure de se préparer pour la soirée.

— Je suis inscrite dans une autre école. Un pensionnat, à des kilomètres d'ici.

— Oh, c'est terrible ! Je te plains !

— Non, au contraire, c'est moi qui veux partir.

Katy accusa le coup.

— Pourtant... je croyais qu'on était les meilleures amies du monde, bredouilla-t-elle.

— Bien sûr que oui et ça ne changera pas. On continuera de se voir pendant les vacances scolaires et on se parlera par texto ou on s'appellera.

— C'est impossible ! Tu sais bien que je n'ai pas de portable et que la ferme est trop éloignée du réseau ! lui rétorqua Katy.

Elle était en colère. Alice savait pertinemment qu'elle ne possédait pas de téléphone ! Ses parents avaient toujours considéré que lui en acheter un constituerait une dépense inutile.

— Pardon, je n'y pensais plus, s'excusa Alice. Alors, on s'enverra des emails ou on se retrouvera sur Facebook. Il existe plein de moyens pour garder le contact.

— Sauf que ce ne sera pas pareil ! Tu ne pourrais pas annoncer que tu as changé d'avis et que tu ne veux plus partir ?

— Tu es folle ? Tu t'imagines la réaction de mes parents ? De toute façon, j'ai vraiment envie d'y aller. C'est un endroit formidable. Ils ont des écuries impressionnantes, un manège et un parcours de cross-country. Et il y a une grande forêt juste à côté remplie de sentiers sablonneux pour les balades. Ils prennent même ton propre poney en pension, si tu le demandes. Tu te rends compte ? En plus, mon père a emménagé tout près de là et je passerai les week-ends dans sa nouvelle maison. Je l'ai à peine vu depuis que maman et lui sont séparés et il me manque beaucoup. Tu comprends ? J'aimerais bien que tu puisses venir. Toi avec Jacko, moi avec Shannon, qu'est-ce qu'on s'amuserait !

Atteinte au vif par l'indélicat enthousiasme d'Alice, Katy lâcha avant de pouvoir se retenir :

— Tu sais bien que mon père et ma mère ne pourront jamais payer un internat. Ils ne sont pas riches comme ta famille ! s'écria Katy, tandis que des larmes tombaient en cascade sur ses joues. Elle fit volte-face et sortit de l'étable en courant.

— Katy, reviens ! l'appela Alice. Je ne voulais pas te faire de peine !

— Je n'ai plus envie de parler ! hurla Katy dans la nuit humide.

Elle éprouvait le vague sentiment qu'elle exagérait, mais elle était trop en colère pour réellement s'en soucier. Depuis un an environ, que ce soit à l'école ou en dehors, Alice et elle étaient inséparables. La seule pensée qu'elle ne la verrait pas pendant des semaines, voire des mois, l'effrayait au plus haut point. Visiblement, Alice n'appréhendait pas cette idée. Comment pouvait-elle ignorer que Katy en souffrait ?

Katy arriva à la ferme au petit matin avec ses parents et ses grands-parents.

Sa mère venait juste de finir la préparation du petit déjeuner lorsque le téléphone sonna.

— Qui peut bien appeler à cette heure de la journée ? grommela son père en s'asseyant à la table de la cuisine pour manger ses œufs au bacon. Cette année, ma résolution est de ne plus répondre quand je mange.

Sa femme lui fit signe de se taire.

— Ferme de Barton, vous désirez ? répondit-elle. Rachel ? Bonjour ! Bonne année à toi aussi. Quoi ? Mais c'est formidable. Félicitations ! Je suis ravie pour tous les deux. Jack et Peggy sont là, tu veux leur parler ? D'accord. Au revoir !

Elle tendit le combiné à son beau-père.

— Bonjour, ma chérie, et bravo. Je suppose que tu veux parler à maman ? Oui, toi aussi. Prends soin de toi.

La grand-mère de Katy prit le téléphone à son tour.

— Allô ? Félicitations, ma chérie ! Comme je suis heureuse ! Oui, bien sûr que ton père est content aussi. Il est juste... enfin, tu le connais... il lui faut un peu de temps pour... Oui, je sais...

— Que se passe-t-il ? chuchota Katy.

— Tante Rachel et Mark sont fiancés, lui révéla sa mère à voix basse.

— Vraiment ? Ils vont se marier ? s'exclama Katy.

— Chut ! sifflèrent ses parents en chœur.

— Attends, Rachel. Il y a trop de bruit ici, déclara la grand-mère de Katy en décochant l'un de ses fameux regards noirs au reste de la famille.

Une fois qu'elle fut sortie, tout le monde se sentit plus à l'aise pour parler.

— Vous n'avez pas été très loquace, Jack, fit remarquer la mère de Katy à son beau-père.

— Oh, vous me connaissez, répondit ce dernier. Je déteste le téléphone, mais je suis très heureux pour tous les deux. Ravi. Aux anges.

Katy sentit que son grand-père n'était pas aussi satisfait qu'il le prétendait. Elle savait à quel point il adorait sa seule fille et elle supposa qu'il lui serait difficile de la laisser partir. Toutefois, Katy devait admettre qu'elle-même aurait du mal à s'habituer à cette idée. Rachel passerait forcément moins de temps à la ferme. Or, depuis que Katy était devenue la fière propriétaire de Cannelle et de Jacko, elle attendait avec impatience chaque visite de sa tante. S'occuper de deux poneys était une énorme responsabilité et Rachel semblait toujours avoir une réponse à ses nombreuses questions.

— Pardon ? s'écria la voix soudain étranglée de la grand-mère de Katy. C'est impossible ! Quand ? Oh, juste ciel ! Oui, bien sûr, c'est une occasion, mais...

Dans la cuisine, tout le monde se tut.

— Oh, mon Dieu, souffla-t-elle, je n'arrive pas à y croire !

Le père de Katy se leva d'un bond pour l'aider à s'asseoir.

— Tu n'arrives pas à croire quoi ? lui demanda-t-il. Que Rachel se marie enfin ?

— Non, bien sûr que non ! Je ne sais même pas comment vous présenter la chose. En un mot, l'oncle de Mark lui offre la gestion d'un immense ranch en Australie. Ils vont partir s'y installer dès qu'ils seront mariés. Ils déménagent cet été !

« Cette nouvelle année n'augure rien de bon », songea Katy.

Quelles autres surprises lui gardait-elle en réserve ?

Alice lui avait promis qu'elles resteraient meilleures amies pour toujours, et Rachel, qu'elle l'aiderait à dresser Cannelle, mais l'une et l'autre avaient oublié ou se moquaient de leur engagement. Toutes deux avaient prévu pour elles-mêmes un avenir différent, dont Katy ne faisait pas partie. « Et si Alice et tante Rachel m'oubliaient dans leur nouvelle vie ? Comment vais-je m'en sortir sans elles ? »

« Pour l'éditeur, le principe est d'utiliser des papiers composés de fibres naturelles, renouvelables, recyclables et fabriquées à partir de bois issus de forêts qui adoptent un système d'aménagement durable. En outre, l'éditeur attend de ses fournisseurs de papier qu'ils s'inscrivent dans une démarche de certification environnementale reconnue. »

Composition Nord Compo

Dépôt légal 1re publication : juin 2013

Imprimé en Espagne par RODESA

20.3630.9/03 – ISBN 978-2-01-203630-7
Dépôt légal : décembre 2013

Loi n° 49-956 du 16 juillet 1949 sur les publications destinées à la jeunesse.